Lebensmittel-Lügen

Wie die Food-Branche trickst und tarnt

Autorinnen:

Diplom-Ökotrophologin **Claudia Weiß** arbeitete acht Jahre als Ernährungsfachkraft in der Verbraucherzentrale Baden-Württemberg. Seit Oktober 2010
ist sie als Internetredakteurin für das Portal lebensmittelklarheit.de in der
Verbraucherzentrale Hessen sowie als freie Autorin für Fachzeitschriften tätig.

Birgit Klein arbeitete als Lektorin, Autorin und Pressereferentin. Seit 2009 ist
sie als Internetredakteurin bei der Verbraucherzentrale Hessen tätig, unter
anderem bis 2015 für das Portal lebensmittelklarheit.de.

Diplom-Ökotrophologin **Andrea Schauff** arbeitet seit 1990 in der Verbraucherzentrale Hessen. Zunächst war sie als Ernährungsfachkraft und ab 2002
als Referentin mit dem Schwerpunkt Presse- und Öffentlichkeitsarbeit in der
Fachgruppe Lebensmittel und Ernährung tätig. Seit März 2015 leitet sie die
Fachgruppe.

Janina Löbel (Kapitel „Schön getrickst? So hilft dieser Ratgeber" und „Politische Forderungen der Verbraucherzentralen") ist Ernährungswissenschaft-
lerin und koordinierte das Projekt Lebensmittelklarheit beim Verbraucherzentrale Bundesverband bis Februar 2014.

3. Auflage Februar 2016, 5.000 Exemplare
© Verbraucherzentrale NRW, Düsseldorf

ISBN 978-3-86336-053-5
Printed in Germany. Gedruckt auf 100% Recyclingpapier.

Inhalt

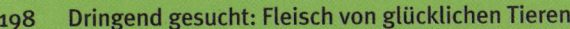

> **! Wichtig**
>
> Bitte beachten Sie, dass die Produktbeschreibungen den Stand zum Zeitpunkt der Produktmeldung bzw. des Produkteinkaufes wiedergeben. Seit diesem Zeitpunkt können sich die Produktaufmachung, -kennzeichnung und/oder die Zusammensetzung des Produktes geändert haben.

Das Misstrauen der Verbraucher wächst

Verbraucherbefragungen und Studien der letzten Jahre zeigen fast unisono, dass das Misstrauen gegenüber der Lebensmittelindustrie eher zu- als abnimmt. Das hat mehrere Gründe. Ein Grund ist die Vielzahl der Lebensmittelskandale in den vergangenen Jahren. Ob BSE-Krise, Berichte über Klebe-Schinken und Analog-Käse, Dioxin-Eier, EHEC-Ausbrüche oder Pferdefleisch in Fertiggerichten: Sie verunsichern den Verbraucher. Das zeigt auch das erhöhte Beratungsaufkommen in akuten Phasen der Krisen bei den Verbraucherzentralen und im Portal www.lebensmittelklarheit.de.

Misstrauen in Kennzeichnung und Werbung

Aus Sicht der Verbraucher ist der Ruf nach mehr Informationen und Hinweisen auf Lebensmitteln vollkommen nachvollziehbar: Sie wollen sich eigenständig und vor allem bewusst für oder gegen ein Produkt entscheiden. Derzeit ist aber das Misstrauen der Verbraucher gegenüber den Angaben auf der Verpackung groß: Eine im Jahr 2012 von den Verbraucherzentralen in Auftrag gegebene repräsentative Verbraucherbefragung zeigt: Drei Viertel der Befragten sind der Meinung, dass Angaben auf den Verpackungen Produkte besser darstellen, als sie in Wirklichkeit sind. Dass bei den Angaben auf Lebensmitteln viel getrickst wird, glauben laut der Befragung immerhin 72 Prozent der Verbraucher.

Den Herstellern – denjenigen also, die in Erstverantwortung für die Informationen auf Lebensmittelverpackungen stehen – vertraut der überwiegende Teil der Befragten nicht. Nach einer von „Die Lebensmittelwirtschaft e.V." beauftragten Studie von 2014 vertrauen lediglich 14 Prozent der Verbraucher der Lebensmittelindustrie, in ihrem Interesse zu handeln.

Und wenn es um die Qualität der Lebensmittel geht, verlassen sich weit über 60 Prozent der Verbraucher an erster Stelle auf die Stiftung Warentest und Verbraucherschutzorganisationen – so die von Nestlé in Auftrag gegebene Consumers Choice Studie von 2011.

Und wie reagieren die Lebensmittelhersteller?

Dass es so nicht weitergehen kann, hat auch die Wirtschaft erkannt, denn unzufriedene Kunden sind schlecht für den Umsatz. Vermutlich aus diesem Grund startete Anfang 2013 die von Vertretern der Lebensmittelwirtschaft groß angelegte „Charmeoffensive" mit dem eigens gegründeten Verein „Die Lebensmittelwirtschaft". Sie will aufklären und mit den Verbrauchern in einen Dialog treten. Ob das funktioniert und hilft, das in vielen Jahren zerstörte Vertrauen der Verbraucher langfristig wieder aufzubauen, wird sich zeigen. Der Erfolg wird enorm davon abhängen, wie weit es mit der angekündigten Transparenz und Dialogbereitschaft her ist. Ist man auf Seiten der Wirtschaft wirklich bereit, Verbrauchermeinungen zu respektieren und vor allem konkret zu berücksichtigen? Bislang sind die Kommunikationsaktivitäten seitens der Lebensmittelbranche allerdings wenig ambitioniert und meist werblicher Natur.

Zwar ändern über circa 30 Prozent der Anbieter die Verpackungsaufmachung ihrer im Portal www.lebensmittelklarheit.de dargestellten Produkte und zeigen sich damit zumindest bereit, Verbrauchermeinungen zu berücksichtigen. Meist handelt es sich hierbei jedoch nur um geringfügige Anpassungen oder kleine Veränderungen – teilweise entstehen sogar „Verschlimmbesserungen".

Lebensmittelklarheit – der Impulsgeber

Das Internetportal www.lebensmittelklarheit.de ist seit Juli 2011 online. Es ist ein Gemeinschaftsprojekt der Verbraucherzentralen und des Verbraucherzentrale Bundesverbands (vzbv).

Die Informations- und Austauschplattform stellt Verbrauchern Informationen zur Lebensmittelkennzeichnung bereit und stößt eine Diskussion darüber an. Potenzielle Quellen von Täuschung und Irreführung werden an konkreten Produkten dargestellt. Damit sollen fragwürdige Kennzeichnungen geändert werden.

Das Portal liefert Ihnen viele Informationen rund um Lebensmittelkennzeichnung, zu Qualitätserwartungen und Werbestrategien der Anbieter. Zusätzlich können Sie Fragen zu diesen Themen an das Expertenforum stellen. Begleitend zum Internetportal beleuchten repräsentative Studien und Verbraucherbefragungen Trends der Lebensmittelvermarktung und Praktiken der Anbieter, die zu Missverständnissen und Täuschungen bei Verbrauchern führen.

Das Bundesministerium für Ernährung und Landwirtschaft (BMEL) fördert das Portal im Rahmen der Initiative „Klarheit und Wahrheit bei der Kennzeichnung und Aufmachung von Lebensmitteln".

Was macht dieses Portal so einmalig?

Lebensmittelklarheit.de bietet Ihnen die Möglichkeit, sich aktiv zu beteiligen. Sie können Produkte, durch deren Kennzeichnung oder Aufmachung Sie sich getäuscht fühlen, per Online-Formular bei der Internetredaktion melden. Das Redaktionsteam schätzt die Produktmeldungen fachlich ein: Ist die Kritik nachvollziehbar? Zeigt sich ein neuer Aspekt? Wenn ja, bittet die Redaktion die betroffenen Unternehmen um Stellungnahme. Anschließend finden Sie die Beschwerde mit dem Kommentar des Anbieters – oder auch mit dem Hinweis auf eine fehlende Stellungnahme – zusammen mit der fachlichen Einschätzung der Verbraucherzentralen online im Portal. Bei eindeutigen Kennzeichnungsfehlern – zum Beispiel bei einem fehlenden Mindesthaltbarkeitsdatum – bitten die Experten den Verbraucher, sich mit seinem Produkt an seine zuständige Lebensmittelüberwachung zu wenden (siehe Seite 215).

Bereits vor seinem Start hatte „Lebensmittelklarheit" die Lebensmittelindustrie in Alarmbereitschaft versetzt. Die Hersteller und ihre Dachverbände sorgten sich offensichtlich um das eigene Image. Man befürchtete, dass Verbraucher ihrem Unmut über Produkte und Anbieter nun öffentlich freien Lauf lassen könnten. Dadurch angefeuert, überschlugen sich auch die Medienberichte bis zum Portalstart: Während viele Medienvertreter die verstärkte Teilhabe der Verbraucher begrüßten, gipfelten kritische Meldungen in der Verunglimpfung des Portals als „Internetpranger".

Verbraucherinteresse an mehr Lebensmittel-klarheit ist ungebrochen

Dass die Idee der Verbraucherzentralen für ein solches Angebot einen Nerv getroffen hat, zeigt der überwältigende Erfolg: Über 3.800 Produktmeldungen erreichten die Redaktion schon in den ersten Tagen nach dem Onlinegang. Kurz vor dem vierten Jubiläum im Juli 2015 waren über 13.000 Produktmeldungen und Anfragen an das Expertenforum eingegangen, mehr als 50 Regelungen und Leitsätze im Deutschen Lebensmittelbuch waren die Ursache von Verbraucherbeschwerden. Dass Verbrauchertäuschung kein Einzelfall ist, zeigen auch die Ergebnisse repräsentativer Umfragen im Rahmen des Projektes Lebensmittelklarheit. Der politische Handlungsdruck ist dadurch hoch. Das Interesse der Verbraucher an mehr Lebensmittelklarheit ist weiterhin ungebrochen, das belegen die täglich eingehenden Beschwerden und Fragen im Portal.

Wie wird es weitergehen?

Nicht nur im Onlineportal, sondern auch in den Beratungsstellen der Verbraucherzentralen zeigt sich die große Nachfrage der Verbraucher: Sie wollen sich genau über die Kennzeichnung und Aufmachung von Lebensmitteln informieren. Darum ist dieser Ratgeber nur folgerichtig.

Zum einen liefert er ausführliche Informationen und die wichtigsten Fakten zur Kennzeichnung, zu aktuellen Trends und zu Tricks der Branche. Zum anderen stellt er die wesentlichen Ergebnisse aus den im Internetportal www.lebensmittelklarheit.de dargestellten Produktmeldungen vor und macht sie auch denen zugänglich, die das Internet nicht nutzen können oder möchten. Zudem ist mit einer Darstellung in Buchform immer auch eine Verstetigung und nachhaltigere Wirkung von Inhalten und Meinungen verbunden. Es wird nicht zuletzt eine noch breitere gesellschaftliche Debatte angestoßen. Der Ratgeber macht Probleme sichtbar und unterstützt Verbraucher dabei, Kennzeichnungsfallen und Werbelügen bei Lebensmitteln zu erkennen.

Rechtlich konkrete Regelungen sind nötig!

Allein durch einen Ratgeber können die Ursachen von missverständlicher Kennzeichnung und Aufmachung nicht beseitigt werden. Sie liegen in den unklaren und mit zu großen Auslegungsspielräumen versehenen rechtlichen Grundlagen. Dazu kommt, dass die Frage nach der täuschenden Aufmachung im Zweifel in jedem Einzelfall durch eine richterliche Entscheidung geklärt werden muss.

Stattdessen sollten die rechtlichen Regelungen angepasst werden. Die Lobby der lebensmittelproduzierenden Wirtschaft weiß jedoch seit vielen Jahren erfolgreich zu verhindern, dass rechtliche Regelungen konkreter und vor allem am Verbraucherverständnis ausgerichtet werden. Die ab Ende 2016 in Gänze gültige Lebensmittelinformationsverordnung ist das beste Beispiel dafür, dass groß angelegte und hoch finanzierte Lobbykampagnen der Wirtschaft Erfolg haben. Viele weitgreifende Verbesserungen für die Verpackungsgestaltung mit den wesentlichen Informationen, die aus Sicht der Verbrauchervertreter sinnvoll gewesen wären, wurden durch erfolgreiches Agieren der Hersteller verwässert, entfernt oder mit langen Übergangsfristen zu zahnlosen Tigern gemacht.

Dieser Ratgeber
- klärt auf – mit vielen anschaulichen Produkt-Beispielen
- zeigt, wie Sie die Kennzeichnung konkreter Produkte kritisch unter die Lupe nehmen können
- warnt, bei welchen Formulierungen oder Werbeslogans und bei welcher Produktaufmachung Sie hellhörig werden und das fragliche Produkt schon im Laden genauer prüfen sollten
- enthüllt, welche Marketingtrends Sie zum Kauf animieren sollen und wo Sehnsüchte bedient werden, die Sie vielleicht unterbewusst haben

! Achtung

Der Ratgeber stärkt die Konsumenten in ihren Entscheidungen. Das allein reicht aber nicht: Verbraucher müssen auf die versprochene Qualität und die Kennzeichnung von Lebensmitteln vertrauen können. Der Gesetzgeber ist deshalb gefordert, für Regelungen zu sorgen, die Klarheit schaffen statt Täuschung zu ermöglichen (siehe auch Seite 222 ff.).

Von der Bedarfsdeckung zur Bedarfsweckung

Essen muss der Mensch. Doch welche Lebensmittel er isst und wie er an die Produkte kommt, das hat sich im Laufe der letzten Jahrhunderte stark verändert. Auch der Handel mit Lebensmitteln unterlag einem dramatischen Wandel – vom Tauschhandel über das Feilbieten der Ware durch den Kleinhändler bis zu den Erlebnis-Einkaufsmärkten und den heutzutage ausgebufften Marketingstrategien der Lebensmittelkonzerne.

Mit der Industrialisierung im 19. Jahrhundert veränderte sich auch die Lebensweise entscheidend: Immer mehr Menschen verließen die kargen und verarmten ländlichen Regionen, um in der Stadt ihren Lebensunterhalt zu verdienen. Um 1850 machte ihr Anteil an der Stadtbevölkerung im europäischen Durchschnitt etwa ein Fünftel aus, um 1919 lag er bei weit über 40 Prozent. Viele von ihnen verloren damit die Möglichkeit, sich selbst erzeugte oder untereinander getauschte Lebensmitteln zu beschaffen. Sie waren nun auf den Einkauf in den Städten angewiesen – auf den Gang zum Markt oder zum Krämer.

Nur wenige Produkte des alltäglichen Bedarfs waren in Papier oder in Schachteln mit Etiketten verpackt. Das meiste lagerte dort als lose Ware und wurde auf Käuferwunsch hin abgewogen. Flüssigkeiten füllte der Händler aus Fässern, Zapfhähnen oder Milchkannen in mitgebrachte Gefäße ab – im „kleinen" Lebensmitteleinzelhandel hielt sich diese Verkaufsform bis in die 1960er Jahre!

Wer konnte, versorgte sich in der Stadt aus dem eigenen Schrebergarten. Das klassische Haltbarmachen (Trocknen, Räuchern, Pökeln, Einsäuern) ließ sich in den beengten Mietwohnungen aber nicht durchführen. Und eine größere Vorratslagerung war nicht praktizierbar.

Der Handel erkannte den daraus entstehenden Bedarf und bot zum Ausgleich verstärkt erste konservierte und verarbeitete Produkte an. So entstand um 1900 eine Konservenindustrie und Produktionsprozesse wurden durch den technischen Fortschritt mechanisiert. Dabei setzten die Hersteller auch bereits zunehmend zahlreiche Konservierungsstoffe wie Benzoesäure oder Borsäure ein. Erste Auseinandersetzungen über deren gesundheitliche Auswirkungen führten dazu, dass einige Substanzen gesetzlich verboten oder ihre Verwendung eingeschränkt und ab bestimmten Mengen kennzeichnungspflichtig wurde.

Margarine, Brühwürfel, Erbswurst – Erfindungen des 19. Jahrhunderts

In dieser Zeit der Veränderung entstand auch die moderne Lebensmittelindustrie: Mit der neuen Arbeits- und Wohnsituation wandelten sich die Ernährungsformen. Manche Erfindung – wie zum Beispiel Margarine, Erbswurst, Schmelzkäse oder löslicher Bohnenkaffee – und deren Verbreitung beruhte auf dem Gedanken, in Kriegszeiten sowohl die Truppen als auch die Zivilbevölkerung zu versorgen. Darüber hinaus hatte die Industrie im zivilen Leben zwei Zielgruppen im Visier: Einerseits das gutsituierte und zahlungskräftige Bürgertum, das repräsentative Diners in Gesellschaft schätzte und dem man exquisite Lebensmittel und Delikatessen anbieten und verkaufen

konnte, und andererseits die Masse der einfachen Verbraucher – meist Arbeiterfamilien, die auf preiswerte,
sättigende Lebensmittel angewiesen waren.

Vielen waren deshalb zum Beispiel die neuen Sup-
penmischungen, „Erfindungen" von Maggi, höchst
willkommen. Und mancher Werbung für die Innovation
lag durchaus ein gemeinnütziges Motiv zugrunde: So
bewarb die „Schweizerische Gemeinnützige Gesellschaft" auf Anregung eines Schweizer Arztes die neuen
Maggi-Suppen, weil sie auf dem Mehl von Hülsenfrüch-
ten basierten. Damit sollte die Eiweißversorgung der
Arbeiter verbessert werden.

Industrieprodukte erobern den Markt

In den Städten etablierten sich Warenhäuser mit
großen Flächen und einem vielfältigen Angebot. Das
Berliner Kaufhaus des Westens (KaDeWe) eröffnete
1907 und richtete in den 1920er Jahren seine be-
rühmte Feinkostabteilung ein. Größere Unternehmen
organisierten Filialsysteme und schufen damit bereits
überregional einheitliche Sortimente – die Abnahme
größerer Mengen verschaffte ihnen günstigere Ein-
kaufspreise. Diese neuen Präsentations- und Verkaufs-
formen begannen, den klassischen Kleinhandel zu
verdrängen. Bäcker, Konditoren und Fleischer waren
anfangs davon nicht betroffen. Sie verbreiterten ihr
Angebot um Fabrikwaren. Werbung eroberte die Litfaß-
säulen, aufwändige Schaufensterauslagen zogen die
Aufmerksamkeit der Passanten auf sich, Tafeln, Email-
schilder und Zeitungsanzeigen warben für Sekt, Schokolade, Kaffee oder Tee. Die Werbung konzentrierte
sich zunächst auf Genussmittel, für die man neue
Käuferschichten erschließen wollte. In Werbeanzeigen
wurden Bilder immer wichtiger. Sie bezogen sich häu-

fig auf gesellschaftliche Ereignisse mit Prestige, wie zum Beispiel festliche Bälle; die Bezeichnung „Hoflieferant", mit der sich Hersteller schmückten, vermittelte dem „normalen" Käufer das Gefühl, einem exklusiven Kundenkreis anzugehören.

Aber auch die neuen, stark verarbeiteten Lebensmittel wie Margarine, Fleischextrakt oder Suppenwürze mussten beworben werden – waren sie doch meist ein preisgünstigeres „Ersatzlebensmittel" für diejenigen, die sich den Genuss des Originals nicht immer leisten konnten.

Gut zu wissen

Werbung (in ihren Anfängen eher Reklame genannt) war bis in die Mitte des 19. Jahrhunderts nicht verbreitet. Vom Mittelalter bis ins 18. Jahrhundert organisierten sich die „Hersteller" in Zünften, die ihnen Gebietsschutz gewährten. Das Abwerben von Kundschaft galt als verpönt. Die Polizei- und Gewerbeordnung untersagte auch noch zu Beginn des 19. Jahrhunderts den Einzelhändlern weitestgehend Werbung: So war es verboten, Handzettel mit festen Preisen zu verteilen und damit Kunden anzulocken. Die Absatzmärkte waren zudem auf kleine Einzugsgebiete beschränkt und die Verbreitung der Waren damit stark eingegrenzt, das Angebot jahreszeitlich und regional geprägt. Erst mit der zunehmenden Mobilität der Menschen und Waren im Kontext der industriellen Revolution und des Ausbaus der Eisenbahnnetze wurde Reklame ein Thema. Um 1850 erblühte mit dem Wegfall der Zensurgesetze der Zeitungs- und Zeitschriftenmarkt. Werbeanzeigen wurden zu einem großen Wirtschaftsfaktor – sowohl für die Zeitungen, die sich zu Teilen über Anzeigen finanzierten, als auch für die Hersteller – und die in ihrem Auftrag Werbetreibenden!

Dieser Wandel brachte auch eine größere Konkurrenz ins Geschäft mit gleichartigen und qualitativ ähnlichen Produkten, die jetzt überall zu haben waren: Schokolade, Kaffee und Kaffeesurrogate, Kekse, Fleischextrakt, Fertigsuppen, Suppenwürze, Margarine, Backpulver. Die Produkte wurden in der Fabrik verpackt und etikettiert.

Werbung: Von der Bedarfsdeckung zur Bedarfsweckung

Die unmittelbare Bedarfsdeckung stand nun nicht mehr im Mittelpunkt und das Zeitalter der Marken begann: Der Käufer hatte die Wahl – und wurde deshalb fortan umworben. Die Vorzüge des eigenen Produkts mussten geschickt bebildert und in den Köpfen der Menschen verankert werden. Dazu brauchte die Marke ein individuelles Erscheinungsbild – einen einprägsamen Namen, eine Verpackung mit Wiedererkennungswert, eine Botschaft, die über den Gebrauchswert der Ware hinausging und die Emotionen der Käufer ansprechen sollte. Die Gegenleistung des Anbieters für die Markentreue des Kunden: eine gleichbleibende und damit verlässliche Qualität.

Die Werbestrategie knüpfte an Vergangenes an. Schon vor Ende des 19. Jahrhunderts führten Unternehmen vergleichbare große Werbefeldzüge für Produkte einer bestimmten Marke in zwei Phasen durch: Werbeflächen, Inserate oder Tafeln mit einprägsamen Slogans

lenkten die Aufmerksamkeit auf das Produkt; im zweiten Schritt mussten die eigenen Marktanteile gegen Konkurrenten verteidigt werden. Beliebte Instrumente dafür waren „Gimmicks" wie Sammelbildchen, Werbegeschenke oder Preiswettbewerbe.

Auch Gutachten über die Nützlichkeit des eigenen Produkts oder gesundheitsbezogene Werbeaussagen wurden gerne eingesetzt. Süßwaren mit Gesundheitseffekt sollten etwa Stollwerck-Schokolade, die mit dem neuen „Liebig's Fleischextrakt" versetzt war, oder „Osta"-Schokolade zur Verbesserung des Knochenwachstums und der Zahnung sein. Coca-Cola bewarb sein Erfrischungsgetränk als „ideales Tonikum gegen Kopfschmerz, Müdigkeit und Übelsein". „Migräkolade", die Schokolade gegen Migräne, hatte allerdings wie viele dieser Produkte keinen nachhaltigen Erfolg, der angeblich bazillentötende „Georg Pohl's Familientee" wurde als Schwindel entlarvt – und die Werbung mit gesundheitsbezogenen Aussagen in Bezug auf Lebensmittel 1903 erstmals gesetzlich geregelt!

Geschichte des Supermarkts

„Bediene dich selbst" – Der Siegeszug der SB-Läden

In den USA testeten findige Unternehmer bereits zwischen 1910 und 1930 diverse Modelle, die auf Selbstbedienung (SB) und ein breites Produktangebot inklusive Non-Food-Artikel setzten. Auch damals rechneten die Betreiber schon mit der Mischkalkulation: Um Kunden anzulocken und dazu zu verleiten, alles an einem Ort – nämlich bei ihnen – zu kaufen, nahmen sie in Kauf, einige Artikel zum Selbstkostenpreis abzu-

geben. Bei anderen Artikeln, die der Kunde dann statt
in unterschiedlichen Geschäften ebenfalls dort kauft
(das Prinzip wird in der modernen Marketing-Sprache
One-stop-shopping genannt), gleicht eine höhere
Gewinnspanne dies wieder aus. Das funktioniert bis
heute so.

⁝ Gut zu wissen

Der Begriff Supermarket stammt aus dem Jahr 1936.
W. H. Albers eröffnete in den USA sein erstes Selbstbedienungsgeschäft unter diesem Namen.

Die Verbreitung des SB-Konzepts in Deutschland
setzte erst nach dem Zweiten Weltkrieg ein. Das erste
Selbstbedienungsgeschäft war ein Laden der Einkaufs-
genossenschaft „Konsum" in Hamburg (1949); ein

Jahr später gab es in Westdeutschland bereits 38 SB-Läden, und der Wandel vom traditionellen Laden mit Bedientheke zur Selbstbedienung war ungebremst: 1955 waren es 203, 1960 schon 17.132. Den Lebensmittelherstellern war klar: Verpackte Ware „spricht" direkt zum Kunden und muss für Qualität werben, für die zuvor im Zweifelsfall der Ladenbesitzer oder die Verkäufer einstanden.

Um Kunden die ungewohnte Art des Einkaufens näherzubringen, verteilten die Ladenbetreiber am Eingang Bediene-dich-selbst-Anleitungen. Sie versprachen entspanntes und selbstbestimmtes, dabei zeitsparendes Einkaufen: Kein nerviges Anstehen an der Ladentheke, kein Abwiegen der losen Ware, kein Verpacken.

Die Kunden wurden dafür durch die Aufstellung der Regale möglichst am kompletten Sortiment entlanggeführt. Und weil so viel Ware „greifbar" und in passenden Portionen vorverpackt präsentiert wurde, fand beim Einkauf auch viel Ungeplantes den Weg in den Einkaufswagen – was bereits in ersten Zeitungsberichten über die neuen SB-Läden kritisch gesehen wurde.

Vom Korb zum Wagen

Das Prinzip der Selbstbedienung und das erweiterte Sortiment legten es nahe, dem Kunden einen bequemen Transport seines Einkaufs durch den Laden zur Kasse zu ermöglichen. Denn wer die Hände voll hat oder den schweren Einkaufskorb schleppt, kauft vermutlich weniger ein. Ein komfortables und leichtgängiges Transportmittel etablierte sich: der Drahtkorbwagen.

Warum gleichen sich noch heutzutage die – durchaus praktischen – Einkaufswagen fast weltweit in

Aussehen und Funktion? Ein findiger bayerischer Wagenbauer, Rudolf Wanzl, ließ sich das Konzept der ineinander schiebbaren Drahtkorbwagen im Jahr 1951 patentieren. Um den Kunden mehr Komfort zu bieten und ihre Shoppingtour möglichst zu verlängern, existiert der Klassiker mittlerweile in vielen Varianten: mit Kindersitz, mit Platz für eine Babyschale, mit Vorrichtungen für Kleiderhaken. Manche Wagen sind sogar mit Lupen ausgestattet, die sehbehinderten Menschen helfen. Und selbst Kunden, die gut sehen, können das Kleingedruckte auf den Verpackungen so schneller entziffern. Wie groß der Einkaufswagen ist, variiert oft von Land zu Land mit den Einkaufsgewohnheiten, aber auch mit den jeweiligen räumlichen Gegebenheiten der Märkte.

Der Einkaufswagen ist geräumig, sodass Sie nicht gleich das Gefühl haben, viel gekauft zu haben, wenn nur ein paar Artikel darin liegen. Er soll aber auch nicht zu groß sein, sodass Ihre Beute darin gänzlich verloren herumkullert. Apropos herumkullern: Dass die Wagen in der Regel schräg abfallen – und zwar zu Ihrem Körper hin – ist kein Zufall. Was Sie bereits in den Wagen gelegt haben, hat die Tendenz, nach hinten zu rutschen – und damit aus Ihrem Blickfeld zu verschwinden! Und praktischerweise wird die Einkaufskarre auch umso leichtgängiger, je voller sie geladen ist – ein Schelm, der Böses dabei denkt!

Verpackung auf dem Vormarsch

In den 1950er Jahren fand bereits vorverpacktes frisches Fleisch den Weg in die Selbstbedienungsläden und damit in die Einkaufskörbe der Verbraucher: Vorreiter war hier die Firma Johs. Schmidt in Hamburg (1955). Wenige Jahre später integrierte sie in einer anderen Filiale eine Bäckerei samt Konditorei. Den Gang zum Fleischer und Bäcker wollte man Verbrauchern ersparen und lieber auch diesen Bedarf selbst decken. Das Prinzip „alles unter einem Dach" war erfolgreich und wurde vor allem von jüngeren Frauen geschätzt. Der Trend zur schnellen Verfügbarkeit von Lebensmitteln verstärkte sich durch die steigende Erwerbstätigkeit von Frauen. Auch Fertiggerichte (engl.: Convenience-Food = bequemes Essen) fanden Anklang und den Weg in die Regale der Lebensmittelmärkte.

„Sprechendes Etikett" – Forderung der Verbraucherverbände seit 1959

Das Selbstbedienungsprinzip macht eine verbindliche und verlässliche Kennzeichnung auf der Ware dringend notwendig. Der Dialog zwischen der „stummen" Ware und dem Kunden muss nun das Gespräch mit einem kundigen Verkäufer ersetzen. Die Verpackung darf des-

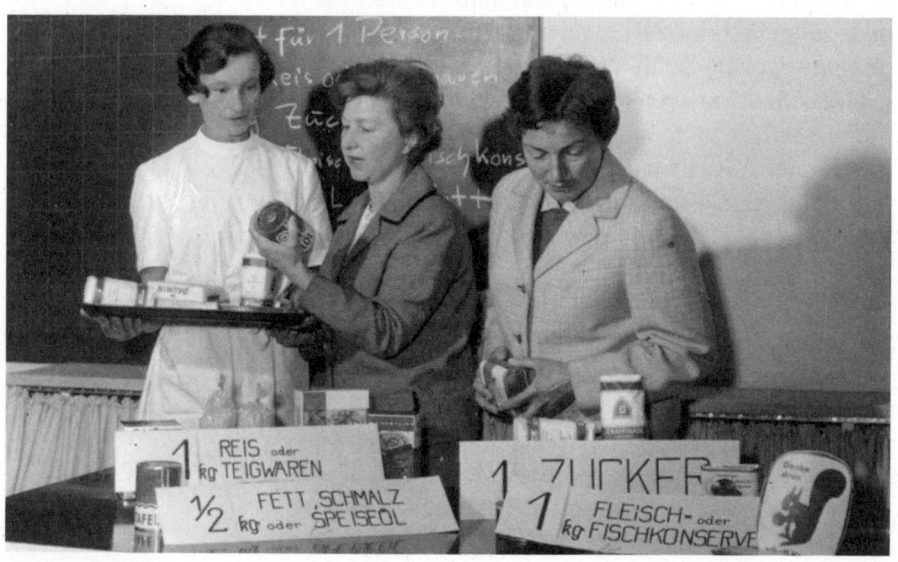

halb nicht nur die Bühne des Produktmarketings sein.
In den 1950er Jahren waren das Forderungen der Ar-
beitsgemeinschaft der Verbraucherverbände (AgV), die
heute selbstverständlich sind: So forderte die AgV zum
Beispiel auch, dass Verpackungen „Gebrauchsanwei-
sungen" oder andere praktische Hinweise enthalten,
dass sie eine Liste der Zutaten tragen – ebenso die
verpflichtende Füllmengenangabe!

Gut zu wissen

Das erste Gesetz aus dem Jahr 1879 (Nahrungsmittel-
gesetz) enthielt hauptsächlich Regelungen zum Schutz
der Verbraucher vor verdorbenen, nachgemachten oder
verfälschten Lebensmitteln. Es begründete die Kontrolle in Form einer staatlichen Lebensmittelüberwachung.
Ein Verbot irreführender Bezeichnungen wurde aber
erst erheblich später eingeführt. Das überarbeitete
Lebensmittelgesetz aus dem Jahr 1958 schließlich forderte für alle „Fremdstoffe" (heute: Zusatzstoffe) eine
Kennzeichnungspflicht und untersagte das Verwenden
von nicht zugelassenen Stoffen. Allerdings wurden
auch damals schon durch allerhand Verordnungen
bestimmte Lebensmittelgruppen von der Kennzeichnungspflicht ausgenommen.
Ausführliche Vorschriften, wie ein Lebensmittel zu kennzeichnen ist, sind erst seit den 1970er Jahren in Gesetzen
niedergelegt. Die noch heute verpflichtenden Kennzeichnungselemente (siehe Klappentext) wurden hier erstmals
festgeschrieben.

Korrekte und klare Kennzeichnung – Probleme gestern wie heute

Tauziehen um das Mindesthaltbarkeitsdatum

Dass das Mindesthaltbarkeitsdatum (MHD) heutzutage auf nahezu allen verpackten Lebensmitteln zu finden ist, war das Ergebnis zäher Auseinandersetzungen zwischen dem Parlament, dem Gesetzgeber und den Lobbyisten der Lebensmittelindustrie und des Handels: Schon in den 1950er Jahren hatten Vertreter des Bundesrats gefordert, mit der Regelung der Kennzeichnung von Zusatzstoffen auch die Angaben zur Haltbarkeit zu regeln. Auf der Ware sollte zumindest die Angabe des Herstellungs- oder Verpackungsdatums verpflichtend sein. Und das auf eine Weise, die für die Käufer auch verständlich ist, und nicht in Form eines „Geheimcodes".

Mit dem Argument, die Händler würden dann auf einem Großteil ihrer Ware sitzen bleiben, weil die Käufer immer nur das „allerfrischste" Produkt kaufen und das nur wenig ältere verschmähen würden, schmetterte man die Forderung, die Haltbarkeit zu kennzeichnen, lange Zeit ab. Auch damals schon wurden exorbitante Preissteigerungen zu Lasten der Verbraucher vorausgesagt, wenn solche Kennzeichnungen verpflichtend würden.

1966 erließ die Regierung in Bonn schließlich doch verbindliche Kennzeichnungsvorschriften. Von nun an musste entweder das Ende der Haltbarkeit des Produkts oder aber das Herstellungsdatum auf dem Lebensmittel angegeben werden. Diese Wahlfreiheit war aber nicht im Sinne der Verbraucher: Kaum ein Hersteller wollte sich auf ein Datum festlegen, ab dem er vom Verzehr seiner Ware abriet. Ein Grund dafür war die Befürchtung, dass die Lagerung nach dem Kauf diesen Faktor beeinflussen konnte. Und so oblag es oftmals wieder dem Käufer zu entscheiden, ob er ein Lebensmittel noch für verzehrbar hielt oder nicht.

> **!　Achtung**
>
> Große Geheimniskrämerei gab es bei der Butter: Noch in den 1960er Jahren wurde auf der Butterverpackung der „Tag der Ausformung" mit einem verzwickten Code deklariert: Basis waren dafür die zehn Buchstaben des Wortes „Milchprobe", denen Ziffern zugeordnet waren: M (1), I (2), L (3) und so weiter bis hin zum E für die Ziffer 0. Es wurde also kein konkretes Datum, sondern nur der Tag des Jahres benannt: Die Kennzeichnung „LEH" bedeutete, dass die Butter am 305. Tag (LEH) des Jahres, also am 1. November ausgeformt worden war.

Schwund in Tüten – Ärger um die Füllmenge

Zu Beginn der 1960er Jahre waren, wie das Magazin „Der Spiegel" 1963 bemerkte, bereits neun von zehn Lebensmitteln in westdeutschen Läden maschinell abgewogen und verpackt. Händler und Kunden mussten den Angaben zur Füllmenge vertrauen, die die Hersteller auf ihren Verpackungen machten. Aber schon damals stellte die Lebensmittelüberwachung bei Stichproben Mängel fest: Über die Hälfte der Waren wies weniger als das angegebene Gewicht auf, über zehn Prozent der Packungen sogar weniger als 90 Prozent des deklarierten Gewichts. Die „Bild"-Zeitung enthüllte wenige Jahre zuvor in aufsehenerregender Weise, dass ein Hamburger Kaffeeröster jahrelang die Verpackung seines Kaffees mitgewogen und so in der Masse beträchtliche Einsparungen beim teuren Rohstoff Kaffee erzielt hätte.

Damals wie heute – Verbraucher ärgern sich über unterschiedliche Packungsgrößen und -formate, die den Preisvergleich erschweren, über heimliche Preiserhöhung durch eine verringerte Füllmenge, über Verpackungen mit viel Luft, die einen größeren Inhalt vortäuschen, und über irreführende oder falsche Gewichtsangaben.

⁞ Gut zu wissen

Auch in der DDR nahmen die industrielle Lebensmittel-produktion und die Verbreitung von Instant-Produkten in den 1950er und 1960er Jahren nochmals zu. Da Devisen knapp waren, sollten sie im Land und möglichst aus eigenen Rohstoffen erzeugt werden. Instant-Getränkepulver und die in einem besonderen Verfahren hergestellten schnellgarenden Tempo-Hülsenfrüchte fanden ihren Weg in die Einkaufstaschen. Verpackungsmaterial allerdings war aufwändig und teuer, da nur mit hohem Rohstoffeinsatz herzustellen – und so trat das Problem der übergroßen Mogelpackung wohl schon aus diesem Grund nicht auf. Und da Grundnahrungsmittel subventioniert und zu mehr oder weniger einheitlichen Preisen abgegeben wurden, Lebensmittelproduktion und Vertrieb weitgehend staatlich organisiert waren und die Konkurrenz gleichartiger Produkte so kaum von Bedeutung war, blieb den Verbrauchern manches Ärgernis erspart!

Lifestyle, Genuss oder Sicherheit: Die Marke erfüllt alle Wünsche

Auch wer sich heutzutage als „Werbeverweigerer" vor der Masse der wöchentlich (!) ca. 400 Millionen verteilten Werbeprospekte schützt, ist einer Informationsflut ausgesetzt. Täglich erreichen rund 3.000 Marken- oder Marketingbotschaften unser Hirn: Wir sehen Produkte, Plakatwerbung, Internet-Anzeigen oder zahlreiche andere Werbeträger. Eine neue Marke, ein neues Produkt zu etablieren ist schon deshalb im Zeitalter gesättigter Lebensmittelmärkte keine einfache Sache, und die Strategie ihrer Einführung wird mit großem Aufwand geplant.

Pro Jahr kommen in Deutschland etwa 30.000 neue Lebensmittel auf den Markt. Vielfach handelt es sich dabei um Varianten bereits eingeführter Produkte oder um sogenannte Me-too-Produkte, also Nachahmungen anderer Hersteller oder Handelsmarken. Etwa die Hälfte der Produkte überlebt kein Jahr, und weitere 25 Prozent werden mittelfristig wieder vom Markt genommen. Derzeit sind ca. 100.000 mehr oder weniger unterschiedliche Lebensmittel am Markt.

Wie man uns zum Kaufen bringt

Schon Ende der 1950er Jahre war die Verkaufspsychologie ein großes Thema. In Umfragen und Studien fand man heraus, dass 80 Prozent der Käuferinnen – denn Frauen waren vorzugsweise für den (SB-)Lebensmitteleinkauf zuständig – noch „Platz" für ungeplante Zusatzkäufe haben.

Aber wie bewegt man die Kundschaft dazu, mehr zu kaufen als sie eigentlich braucht? Viel Hirnschmalz

wurde und wird darin investiert und viel Geld dafür
ausgegeben, Konzepte zu erarbeiten, wie und wo
man Produkte optimal platziert – in den Köpfen und
in den Regalen. Heutzutage nutzt die Marktforschung
Kundenlaufstudien, Wärmebildkameras und Blickauf-
zeichnungsgeräte (Eye Tracking), um den Kunden „ins
Hirn zu schauen". Ein aktueller Ansatz daneben ist
Neuromarketing: Diese Disziplin will die Erkenntnisse
der Hirnforschung für die Marktforschung (und damit
für die Wirtschaft) produktiv machen. Ihre Ergebnisse
beeinflussen sowohl die Gestaltung von Marken und
deren Werbung als auch die von Supermärkten. Neuromarketing erforscht die Motiv- und Emotionssysteme
des Gehirns, weil die Beobachtung des Konsumverhal-
tens oftmals zeigt, dass Käufer sich anders einschätzen als sie sich tatsächlich verhalten. Die Grundthese:
Rationale Entscheidungen sind die Ausnahme. Stattdessen treffen wir 70 bis 80 Prozent unserer Entscheidungen unbewusst oder nach bestimmten bewährten
Schemata. Wer diese Emotions- und Verhaltensmuster
durchschaut, hat also – so die Überzeugung der Be-
gründer dieser Theorie – die Macht, in weiten Teilen
das Verhalten der Kunden vorauszusagen und ihre
Kaufbereitschaft gezielt durch die Gestaltung des
Ladens und des Sortiments zu beeinflussen. Damit
kann die Ware möglichst effizient an die Kundschaft
gebracht werden. Denn vor die Wahl zwischen zwei
Produkten gestellt, gleiche unser Gehirn seine Wün-
sche und Motive mit dem „emotionalen Angebot" ab,
das diese machen. Verspricht eines davon mehr Befrie-
digung als das andere, ist die Kaufentscheidung jen-
seits aller Rationalität getroffen. Eine bekannte Marke
„entlastet" das Hirn sogar noch von diesem Entschei-
dungsprozess. Sie ruft Assoziationen ab und sie kann
das Produkt mit positiven Emotionen aufladen.

Das **Neuromarketing** teilt uns Konsumenten in sieben Typen ein – und versucht, unsere Bedürfnisse damit optimal zu steuern. Erkennen Sie sich wieder?

Der Traditionalist: Dieser Typ ist ein Stammkunde und Traditionskäufer mit Massengeschmack; er ist beratungsbedürftig und interessiert sich für Gesundheitsthemen.

Der Harmonisierer: Sein Konsumverhalten ist ähnlich wie das des Traditionalisten, mit einem Schwerpunkt auf Heim, Herd und Selbstgemachtem.

Der Genießer: Er kauft Produkte mit hohem Genusswert, die die Fantasie anregen. Ansprechen werden ihn Marken mit Erlebnischarakter.

Der Hedonist: Er ist dauernd auf der Suche nach Trends und neuen Produkten, hat aber nur geringe „Treue" zu Marken oder Einkaufsstätten.

Der Abenteurer: Er ist der Hedonist mit kämpferischer Komponente, bei dem Leistungssteigerung im Mittelpunkt steht. Er will nicht beraten werden und ist dem Ort seiner Einkäufe auch nicht treu.

Der Performer: Er kauft Exklusivität, wo sie sichtbar ist – Statutssymbole, Kleidung, Produkte, die nach außen Kennerschaft signalisieren. Ein Sparbrötchen ist er aber, wo's keiner sieht: Bei alltäglichen Produkten wie Salz, Mehl, Milch oder Putzmittel.

Der Disziplinierte: Dieser Typ kauft nur, was er braucht. Qualität und ein objektives Urteil (zum Beispiel Beurteilungen der Stiftung Warentest) sind ihm wichtig. Er schätzt ein eingeschränktes Sortiment, um Entscheidungsprozesse zu vermeiden.

Einkaufsfalle Supermarkt – Wie wir als Käufer funktionieren sollen

Zum Verweilen bringen und Wohlbefinden schaffen

Kunden sollen möglichst lange im Geschäft gehalten werden: Wer länger bleibt, kauft mehr. Betritt der Kunde den Markt, muss er zuerst „ausgebremst" und auf die neue Umgebung eingestellt werden. Das kann zum Beispiel durch eine Drehtür geschehen, in der man sein Tempo nicht selbst bestimmt, oder durch die Gestaltung des Eingangsbereichs mit kleinen „Inseln" wie Obst- und Gemüsetische, die das Flair eines Marktstandes haben. Die optimale Temperatur und Luftfeuchtigkeit, passende Gerüche, oft über Klimaanlagen verteilt und so dosiert, dass sie kurz unter der Wahrnehmungsschwelle bleiben, Musik im Ruhepulstakt, manchmal sogar Ruhezonen im Laden – das alles soll uns zum Verweilen und zum Kaufen animieren.

Haben Sie die Bremszone im Eingangsbereich passiert, sind Sie nur noch eingeschränkt in der Lage, Ihren Weg selbst zu bestimmen. Schon in den ersten Selbstbedienungsläden galt die Devise: Führe den Kunden möglichst an deinem gesamten Sortiment vorbei. Abkürzungen auf dem Weg zur Kasse existieren nicht oder sind schwer zu finden. Damit sollen Sie zu Spontankäufen verleitet werden.

Übrigens sind fast alle Märkte so angelegt, dass wir uns auf dem Weg vom Eingang zur Kasse gegen den Uhrzeigersinn bewegen. Diese Laufrichtung schafft mehr Wohlbefinden – die Gründe dafür sind nicht völlig geklärt. Versuche mit einer anderen Wegführung ergaben aber signifikant weniger Umsatz.

[] Tipp

Am einfachsten wappnen Sie sich gegen diese Verführung, wenn Sie sich vor dem Einkauf eine Liste machen. Fragen Sie sich im Geschäft bei jedem verlockenden Artikel, der nicht auf der Liste steht, ob Sie ihn wirklich brauchen.

Planen Sie einen überschaubaren Einkauf, dann verzichten Sie auch mal auf einen Einkaufswagen. Wer seinen Einkauf trägt, hat weniger Stauraum – dafür aber mehr Gefühl dafür, wie viel er bereits ausgewählt hat.

Lage, Lage, Lage!

Was für Immobilien gilt, ist auch auf Lebensmittel übertragbar: Es gibt attraktive und weniger attraktive Platzierungen im Regal. Man unterscheidet zwischen Bück-, Greif- und Sicht- sowie Reckzone. Für Produkte, die griffbereit in Augenhöhe stehen, ist die Kaufwahrscheinlichkeit am höchsten – und natürlich ist dieser Platz für die teuren Produkte und diejenigen mit den höchsten Gewinnspannen reserviert. In den Reck- und Bückzonen befinden sich die preisgünstigeren Produkte. Artikel, die für Kinder gedacht sind – wie zum Beispiel bunte Frühstückspops – sind oft auf deren Augenhöhe platziert.

Erfahrungsgemäß lesen wir ein Regal wie einen Text – nämlich von links nach rechts. Am Ende der „Zeile" halten wir kurz inne – und dort sind ebenfalls die teureren Artikel platziert. (In Ländern, wo von rechts nach links geschrieben und gelesen wird, ist das übrigens umgekehrt!) Auch am Anfang eines jeden Ganges sind die potenziellen Käufer oft noch zu schnell unterwegs. Dort platzierte Waren werden eher übersehen. Erst nachdem ein Drittel der Regale in einem Gang passiert ist, steigt die Aufmerksamkeit. Um in unser Bewusstsein einzudringen, braucht die Ware eine bestimmte Präsenz im Regal. Als „Kontaktstrecke" für einen ausreichenden Blickkontakt wurden ca. 30 Zentimeter definiert. Bei kleineren Artikeln stehen deshalb mehrere nebeneinander, bis diese Breite in etwa erreicht ist.

Die Würzzubereitung beim Frischfleisch, die Fertigsauce beim Gemüse, Wein und Knabbereien in unmittelbarer Nähe, Thementische oder die gesamte Warenpräsentation angepasst an den Tagesablauf mit Frühstück, Mittag- und Abendessen: Auch diese Platzierungen sollen dazu verleiten, mehr „mitzunehmen" als wir brauchen. Bei „zusammengehörigen" Artikeln wird derjenige, der eher zum Impulskauf verleiten soll – den man also „zufällig auch" dort antrifft, wo man etwas sucht – übrigens gerne in Sichthöhe platziert ...

Eine Präsentation, die mehrere Sinne gleichzeitig anspricht, also zum Beispiel einen attraktiven optischen und einen angenehmen Geruchsreiz gemeinsam bietet, erhöht übrigens angeblich die Preisbereitschaft um 300 Prozent. Das kann etwa ein schön drapiertes Angebot an Südfrüchten sein, an dem Zitrusaroma verströmt wird.

[] Tipp

Nutzen Sie den Einkauf für zusätzliche Bewegung!
Bücken und Strecken vor dem Regal verschafft Ihnen
den Überblick über vergleichbare, aber günstigere
Produkte. Aufschluss über die Qualität bzw. Zusammensetzung eines Produkts gibt nur die Zutatenliste
(siehe Seite 165). Sie – und nicht die besonders edle
oder originelle Aufmachung des Produkts oder das
üppige Arrangement – sollte maßgeblich für Ihre Kaufentscheidung sein.

Vergessen Sie Ihren Einkaufszettel nicht. Lassen Sie
sich nicht von Aktionsständen ködern. Und gehen Sie
nicht hungrig einkaufen – ein leerer Magen ist gierig,
und Gelüste verlocken zu allerhand überflüssigen
Käufen!

Wie man den Schnäppchenjäger weckt und Preisbewusstsein manipuliert

Begegnet ein Kunde einem Produkt zweimal oder
mehrmals innerhalb des Geschäfts, erwacht der
Schnäppchenjäger in ihm. Ebenso wirken sich Sonder-
angebotstische, Stapelware auf Paletten oder Reizwör-
ter wie „Preissenkung", „Sonderpreis", „jetzt nur ...",
„nur heute", möglichst noch in roter Schrift, aus. Sofort steigt die Bereitschaft erheblich, etwas zu kaufen,
auch wenn wir es aktuell eigentlich nicht brauchen.
Wer einen guten Fang wittert, vernachlässigt auch gerne mal den Preisvergleich.

Andererseits können teurere oder aufwändiger verpackte Artikel durchaus auch als hochwertiger wahrgenommen werden. Die naheliegende und bequeme
Schlussfolgerung, Qualität habe ihren Preis, gilt für
Produkte der Lebensmittelindustrie aber nur in sehr

eingeschränktem Maß. Untersuchungen der Stiftung Warentest ergaben in den vergangenen Jahren eine zunehmende Angleichung der Qualität zwischen dem billigsten und dem teuersten Produkt der untersuchten Warengruppe. Stehen drei vergleichbare Produkte mit drei unterschiedlichen Preisen zur Auswahl, fällen Käufer die Entscheidung oftmals für die „goldene Mitte".

Und wer etwas geschenkt bekommt, zum Beispiel bei einer Verkostung, möchte sich dankbar erweisen und neigt ebenfalls weit eher zum Kauf des angebotenen Produkts.

... und wie man Kaufgewohnheiten ausforscht

Mit Rabatten und „Bonusgeschenken" locken oft auch Kundenkarten. Sie sind zwar kein neues, aber mittlerweile ein sehr effizientes Medium, um Ihre Kaufgewohnheiten zu erforschen. Mit Hilfe der durch die Karte gesammelten Informationen können Händler das Sortiment optimal auf „Kundenwünsche" zuschneiden. So lassen sich auch Werbung oder Marketingmaßnahmen möglichst zielgerichtet und mit wenig Streuverlust adressieren. Die Daten lassen Rückschlüsse auf Einkaufsgewohnheiten zu – was überhaupt oder was vorzugsweise zusammen gekauft wird. Auch Gutscheine, die mit dem Kassenzettel zusammen ausgedruckt werden, können speziell auf Ihren aktuellen Einkauf zugeschnitten werden.

[] Tipp

Lassen Sie sich nicht durch vorgebliche Preisreduzie-
rungen oder befristete Angebote zum schnellen Kauf
verleiten. Ein Vergleich lohnt immer – ebenso wie die
ruhige Überlegung, ob der Kauf wirklich sinnvoll und
nötig ist.
Machen Sie sich nicht zugunsten objektiv meist läp-
pischer Kundenrabatte oder Geschenke zum gläsernen
Verbraucher. Die Beweggründe, Ihnen ganz spezielle
oder vorgeblich individuelle Angebote zu präsentieren,
sind selten uneigennützig, sondern eine Methode,
Umsatz und Rendite zu steigern.

Frisch, gesund, aus der Region, naturbelassen, am besten gleichzeitig mit Zusatznutzen wie Wellness-, Fitness- oder Schlankheits-Faktor, jederzeit verfügbar und mit wenig Aufwand zuzubereiten: An Lebensmittel werden heute hohe Ansprüche gestellt. Die Erwartungen resultieren aus einem veränderten Ernährungsverhalten wie auch aus neuen Familien- und Zeitstrukturen. Immer häufiger wird außer Haus gegessen, die selbst zubereiteten Mahlzeiten im Familienkreis sind mittlerweile eher die Ausnahme. Und auch das Konsumbewusstsein hat sich verändert. Bei manchen Menschen ist Essen mehr als nur Nahrungsaufnahme: Sie zelebrieren Zubereitung und Verzehr und machen daraus ein ganz eigenes „Event". Andere sehen im Einkaufen und Kochen ein notwendiges Übel, das sie so unaufwändig wie möglich „erledigen" möchten.

Und wie reagieren die Lebensmittelhersteller und der Handel auf die neuen Ernährungstrends und Konsumtypen? Wie preisen sie ihre Produkte im engen und eigentlich gesättigten Markt an? Sie schaffen Markenimages und Produktlinien, die auf klare Zielgruppen zugeschnitten sind, und sie versprechen Produkteigenschaften, die Verbraucher kaum oder gar nicht mehr kontrollieren können.

Lebensmittel werden in diesen Segmenten angeboten:

■ **Bio-, Fair-Trade-Produkte:** Für Käufer, die ökologische und soziale Aspekte der Produktion und des Konsums berücksichtigen wollen. Besonders Skandale um Pestizid- und Medikamentenbelastungen in Lebensmitteln bescherten der Foodbranche im Bio-Sektor in den vergangenen 15 Jahren einen echten Boom. Das Bio-Handelsvolumen hat sich in den letzten zehn Jahren mehr als verdoppelt.

- Lebensmittel aus **artgerechter Tierhaltung:** Immer mehr Verbraucher legen Wert auf Haltungsbedingungen, die das Wohl und die Bedürfnisse der Tiere berücksichtigen.
- **Lebensmittel aus der Region:** mit regionalem Bezug, aus traditioneller Herstellung, mit traditionellen und heimischen Zutaten. Sie versprechen Frische durch kurze Transportwege, Vorteile für die Landwirtschaft in der Region und „Überschaubarkeit" in einem globalisierten (Lebensmittel-)Rohstoffmarkt.
- Lebensmittel für **bestimmte Altersgruppen:** Zum Beispiel für Senioren oder Kinder.
- Lebensmittel mit **Wellness-Qualitäten:** Diät-Lebensmittel oder funktionelle Lebensmittel (Functional Food), die dem gestiegenen Gesundheitsbewusstsein Rechnung tragen sollen (siehe Seite 129).
- Lebensmittel, die bestimmte Erlebnisse wie **Exotik oder Außergewöhnlichkeit** inszenieren: Dazu gehören zum Beispiel „edle" Produktlinien für „anspruchsvolle" und gut betuchte Verbraucher.
- **Convenience-Produkte** (siehe Glossar, Seite 234): zum sofortigen Verzehr für eilige Esser; auch gekühlte oder tiefgefrorene Produkte, die sich als vorverarbeiteter Bestandteil im selbst gekochten Menü schnell ergänzen lassen (zum Beispiel geschälte rohe Kartoffeln); oder Produkte, die bereits als eine vollständig zubereitete Mahlzeit angeboten werden (Fertiggerichte).

Der Trend zur schnellen Verfügbarkeit und zu bequemen Convenience-Produkten birgt oft eine mehr oder weniger starke Vorverarbeitung der ursprünglichen Lebensmittelzutaten. **Fertiggerichte** werden meist aus vielen Zutaten zusammengesetzt. All diese Produkte sollen dennoch ansprechend aussehen. Ihr Geschmack samt Konsistenz soll auch bei einem großen Zeitraum zwischen Herstellung, Kauf und Verzehr eine bestimmte gleichbleibende Qualität bieten. Dazu setzen viele Hersteller gerne **Aromen** und Zusatzstoffe wie **Konservierungs- oder Farbstoffe** ein. Sie überdecken Qualitätseinbußen, die der Verarbeitungsprozess mit sich bringt. Der hohe Verarbeitungsgrad scheint durchaus auch die Möglichkeiten zu begünstigen, teurere Rohstoffe durch preiswertere Alternativen oder Imitate wie etwa Analogkäse oder Formfleisch zu ersetzen. So werden zum Beispiel Mikrowellenmenüs mit Formfleisch-Hähnchenstücken oder Fertigpizzas mit Analogkäse und Formfleisch-Kochschinken bestückt. Denn je stärker das Produkt verarbeitet ist, desto weniger sind die ursprünglichen Zutaten im Produkt noch zu identifizieren – und desto länger und nebulöser ist die Zutatenliste.

Ob „eilige" Esser oder solche, die glauben, ein besonders hochwertiges Produkt gekauft zu haben – Verbraucher wollen über die Beschaffenheit ihrer Nahrungsmittel nicht getäuscht werden!

Lebensmittelbranche in der Vertrauenskrise

Über 90 Prozent der deutschen Verbraucher sind mit der Qualität und Vielfalt des Lebensmittelangebots zufrieden oder sogar sehr zufrieden, so die repräsentative Studie „Landwirtschaft in Deutschland" des Bundesministeriums für Ernährung, Landwirtschaft und Verbraucherschutz (Anfang 2013). Zwei Drittel der Befragten gaben an, dass sie sich in den letzten Jahren vermehrt für Themen rund um Lebensmittel interessieren. Tiergerechte Haltung und Regionalität sind Verbrauchern beim Einkauf besonders wichtig. Der Kaufpreis rangierte erst an dritter Stelle.

Lebensmittelhandel und Lebensmittelindustrie beka-
men in dieser Umfrage dennoch richtig ihr Fett weg!
Wenig oder gar kein Vertrauen in den Lebensmittelhandel hatten rund die Hälfte der Befragten; bei der
Lebensmittelindustrie sieht es mit 65 Prozent noch
schlechter aus. Für diese Ursache spielen mit Sicher-
heit die vielen Lebensmittelskandale der vergangenen
Jahre eine Rolle: etliche Fleisch- und Futtermittelskan-
dale wie BSE, umetikettiertes Fleisch oder dioxinver-
seuchte Futtermittel, überhöhte Pestizidrückstände in
Obst und Gemüse oder Salatsprossen mit EHEC-Bakte-
rien. Wem schwindet da nicht der Appetit – und damit
auch das Vertrauen in die Hersteller?

Auch durch die Aufmachung oder Kennzeichnung von
Lebensmitteln fühlen sich viele Verbraucher getäuscht
und sie sind verärgert. Unzählige Meldungen an das
Portal Lebensmittelklarheit belegen dies. Knackpunkt:
Viele der derzeit „gefragten" Eigenschaften wie Re-
gionalität oder Tierwohl bei Lebensmitteln tierischen
Ursprungs können Verbraucher nicht mehr nachvollzie-
hen oder überprüfen – sie müssen sie glauben.

Ob Obst oder Gemüse frisch ist, davon können Sie sich
im Supermarkt immerhin meist selbst überzeugen.
Voraussetzung ist, dass Sie dort die diversen Tricks
durchschauen: Obst, Gemüse, Fleisch und Fisch lässt
der Handel durch spezielle Beleuchtung, Dekoration
oder Beduftung frischer und appetitlicher erscheinen.

Und wenn sich zum Beispiel ein Schnellgericht doch
nicht so einfach zubereiten ließ wie gedacht oder es
einfach nicht schmeckte? Dann haben Sie immer noch
die Möglichkeit, das Produkt zukünftig zu meiden.

Schwieriger wird es, wenn zum Beispiel der Nährstoffgehalt und die Schadstofffreiheit von Lebensmitteln

auf den Prüfstand sollen. Diese Eigenschaften kann nur eine Untersuchung im Labor klären. Hier kommt den staatlichen Institutionen wie der Lebensmittelüberwachung oder anderen unabhängigen Prüfinstituten wie der Stiftung Warentest eine herausragende Rolle im Verbraucherschutz zu (www.test.de).

Und schließlich gibt es noch **Prozesseigenschaften,** auf die Sie als Verbraucher schlicht vertrauen müssen, weil Ihnen die Kontrollmöglichkeiten vollständig fehlen – so zum Beispiel bei den aktuell von Verbrauchern besonders hoch bewerteten Eigenschaften wie „regionale", „traditionelle" Produktion oder „artgerechte Tierhaltung". Hier ist die Glaubwürdigkeit des Versprechens, das ein Produkthersteller macht, ein zentrales Kriterium.

Pseudo-Siegel und leere Versprechen

Für manche Eigenschaften wie das Biosiegel oder die Bezeichnung „aus ökologischer Landwirtschaft" sind die Kriterien eindeutig festgelegt und Kontrollmechanismen eingerichtet. So weit, so gut. Aber findige Hersteller schmücken ihre Produkte gerne mit Siegeln oder Qualitätsmerkmalen – die sie sich selbst ausgedacht haben und deren Kriterien sie auch selbst festlegen und überprüfen! Sie suchen damit häufig bewusst die Nähe zu denjenigen Siegeln oder Beschreibungen, die gesetzlich geregelt sind – oder zumindest vergleichbar positive Assoziationen wecken. Auslobungen wie „natürliche Herstellung", „naturgerecht", „naturnah", „kontrollierte Qualität", „umweltschonend", „zertifiziert", „kontrollierter Anbau" zählen dazu. Die Produkte versprechen damit, höherwertig zu sein, einen zusätzlichen Nutzen zum Beispiel für die Umwelt, den Tierschutz oder die Landwirtschaft in der Region zu bieten. Vergleichbares gibt es auch in der Werbung mit ländlichen oder traditionellen Herstellungsweisen oder der regionalen Herkunft. Die Kriterien dafür, was erlaubt ist, sind aber rechtlich unzureichend definiert.

Laxer Umgang mit Qualitätsmerkmalen untergräbt den Markt

Viele dieser Qualitätsmerkmale, durch die sich Lebensmittel (manchmal nur vorgeblich) auszeichnen, sorgen bei Verbrauchern für Missverständnisse oder gar für Täuschungen, die manchmal sogar bewusst herbeigeführt werden. Hier können nur verlässliche und verbindliche Siegel, unabhängige Zertifizierungsmechanismen und engmaschige Kontrollen gewährleisten, dass mit Qualitätseigenschaften kein Schindluder getrieben wird.

Denn Missverständnisse und Ärger bei Verbrauchern treffen letztendlich auch die qualitätsbewussten und vertrauenswürdigen Lebensmittelhersteller. Sie stehen nämlich in Konkurrenz mit den Erzeugern, die eine beste Beschaffenheit bloß vorgaukeln. Solche schwarzen Schafe bedienen sich nicht nachprüfbarer Werbeversprechen – in Anlehnung an „echte" Qualitätskriterien wie hochwertige Rohstoffe, artgerechte Tierhaltung oder regionale Herstellung –, halten diese aber nicht ein. Damit verschärfen sie die Vertrauenskrise in der gesamten Branche. Als Kunde können Sie oftmals nicht unterscheiden, ob es sich um eine schönfärberische Werbeaussage oder ein wirkliches Qualitätsversprechen handelt. Funktionieren ausgelobte Qualitätsmerkmale nicht als Orientierungshilfe, dann wird der Preis zum einzig relevanten Merkmal für die Kaufentscheidung. Die Folge: Qualitätshersteller wer-

den so aus dem Markt gedrängt. Es droht ein ruinöses
Preis- und Qualitätsdumping.

Zu diesem Ergebnis kam die Studie „Trends in der
Lebensmittelvermarktung", die 2012 im Auftrag des
Verbraucherzentrale Bundesverbandes vzbv erstellt
wurde.

So trickst und täuscht die Foodbranche

Namen sind Schall und Rauch

Wer nie Werbung gesehen hat, könnte kaum erraten, dass hinter Lebensmitteln wie *Twix, Paula und Fanta* ein Schokoriegel, ein Kinderdessert und Limonade stecken.

Herstellerfirmen oder Werbeagenturen lassen ihrer Fantasie gerne freien Lauf, um einen interessanten Namen für ein neues Produkt zu finden. Ausnahmen sind die Eigenmarken der Discounter. Ihre Produkte heißen oft schlicht „Vollmilchschokolade" oder „Fruchtjoghurt" – was meist ehrlicher ist als die Bezeichnung der „Markenkollegen".

Produktnamen sind unverzichtbarer Teil einer Marketingstrategie. Sie sind
- wichtig für den Wiedererkennungswert,
- sprechen bestimmte Zielgruppen an und
- vermitteln ein Produktimage.

Verbraucherschützer sehen darin in der Regel auch kein Problem, denn die Käufer erwarten nicht, dass sich im Namen eine für sie wichtige Information verbirgt.

Produktnamen können aber auch in die Irre führen, wenn sie eine bestimmte Qualität vortäuschen sollen. Margarine ist hierfür ein historisches Beispiel. Sie wurde in den 1860er Jahren als streichfähiges Fett mit guter Haltbarkeit entwickelt, das als preiswerter Ersatz für Butter diente – die „Kunstbutter".

Die ersten Margarinesorten stellten mit Hilfe von Abbildungen und Namen einen Bezug zur Butter her. So nannte zum Beispiel ein Margarineproduzent sein Produkt „Rahma", das zugleich als „buttergleich", „butterfein" und als „Butter-Meisterstück" beworben wurde. Die Milchindustrie wehrte sich erfolgreich gegen die Werbung – und so musste sich Rahma „rahm-los" in das unverfänglichere *Rama* verwandeln. Ab 1932 gab es dafür sogar eine Verordnung: Verpackungen und Reklame von Margarine durften keine Begriffe und Abbildungen verwenden, die auf Milch, Butter oder Milcherzeugnisse hinwiesen und damit über die tatsächlichen Zutaten hinwegtäuschten.

Ein aktuelles Negativ-Beispiel ist der Eisname *Cremissimo*, lässt er doch viele an ein hochwertiges, cremiggehaltvolles Eis denken. Ein Holzweg! Bei der Produktion von Speiseeis gibt es unterschiedliche Qualitäten. Die industriellen Eishersteller verwenden zunehmend preisgünstigeres Pflanzenfett anstelle von traditionellen Zutaten. Solche Erzeugnisse heißen dann „Eis" oder „Speiseeis". Das sind die Oberbegriffe für die kalte Schleckerei und sie sagen nichts über ihre inhaltliche Qualität aus. Es lassen sich trotzdem Rückschlüsse auf deren Milchanteil ziehen. Produkte mit den Bezeichnungen „Eiscreme" und „Cremeeis" enthalten entsprechend den Leitsätzen des Deutschen Lebensmittelbuches für Speiseeis ausschließlich Milchfett wie Sahne.

Stand: 04/2013

Eis mit Schokoladenstückchen (6,5%) und Schokoladensauce (11%)

Zutaten: Entrahmte Milch, Zucker, Glukose-Fruktose-Sirup, Glukosesirup, Pflanzenfett, Wasser, Molkenerzeugnis, (D) Sahne / (A) Obers, Kakaomasse, fettarmer Kakao, Kakaobutter, Emulgatoren (Mono- und Diglyceride von Speisefettsäuren, Ammoniumsalze von Phosphatidsäuren), Stabilisatoren (Johannisbrotkernmehl, Guarkernmehl, Carrageen), Butterfett, Aroma.

Der Produktname *Cremissimo* spielt mit diesem Qualitätsaspekt und stellt fälschlicherweise eine Verbindung zum hochwertigeren Cremeeis her, obwohl es sich nur um ein Eis aus entrahmter Milch handelt, dem statt Milchfett ein Pflanzenfett (hier: Kokosfett) zugefügt wurde. Wenn Sie auf die Qualität von Eis Wert legen, sollten Sie sich nicht von edel daherkommenden Namen hinters Licht führen lassen, sondern zunächst die **Zutatenliste** (siehe auch Glossar, Seite 238) genau studieren.

Während Produktnamen prominent auf der Vorderseite von Lebensmittelpackungen prangen, fristet die viel aussagekräftigere **Bezeichnung des Produktes – früher Verkehrsbezeichnung genannt** – meist ein Schattendasein auf der Rückseite. Sie steht oft direkt vor der Zutatenliste – und in derselben winzigen Schriftgröße.

Die Bezeichnung ist nicht zu unterschätzen: Denn gerade sie ist häufig entscheidend, ob die Lebensmittelüberwachung ein Produkt beanstandet, die Verbraucherzentrale eine Firma abmahnt oder ein Gericht über Täuschung entscheidet.

Die Bezeichnung soll sachlich und korrekt informieren, welches Lebensmittel sich hinter dem bunten Produktnamen verbirgt, welche charakteristischen Eigenschaften es hat. Die Art des Produktes soll leicht erkennbar und eine Verwechslung mit vergleichbaren Erzeugnissen ausgeschlossen sein. Dazu zwei frei erfundene Beispiele: Für einen Joghurt mit dem Namen „Himbeer-Wolke" stünde in der Bezeichnung schlicht „Joghurt, mild, mit 18 % Fruchtzubereitung, 3,8 % Fett im Milchanteil". Und beim exotisch-bunten „Jungle Fresh" wäre es ein „Fruchtsaftgetränk aus Orangensaftkonzentrat und Mangomark, Fruchtgehalt mindestens 30 %".

Rechtlich ist genau festgelegt, woran sich die Bezeichnung halten muss:

- Für manche Produkte ist die Bezeichnung in einer Rechtsvorschrift festgelegt, zum Beispiel für Fruchtsaft, Margarine oder Milch. Dann ist diese zu verwenden.
- Vielfach sind anerkannte Bezeichnungen auch in den Leitsätzen des Deutschen Lebensmittelbuchs beschrieben. Dazu gehören zum Beispiel „Salami", „Leberwurst", „Schwarzwälder Kirschtorte" und „Hering in Gelee". In den Leitsätzen ist niedergelegt, welche Beschaffenheit ein Produkt mit dieser Bezeichnung haben soll oder wie es üblicherweise hergestellt wird.
- Gibt es keine Vorgaben, so wählen Anbieter selbst eine Bezeichnung, die es dem Verbraucher laut EU-Lebensmittelinformationsverordnung (LMIV) ermöglicht, die Art des Lebensmittels zu erkennen und es von verwechselbaren Erzeugnissen zu unterscheiden.

Außerdem muss die Bezeichnung – wie auch alle anderen Pflichtkennzeichnungen –

- an gut sichtbarer Stelle stehen,
- in deutscher Sprache abgefasst,
- gut lesbar sein und
- eine vorgegebene Mindestschriftgröße einhalten.

„An einer gut sichtbaren Stelle" heißt leider nicht zwingend auf der Vorderseite, der zweifellos am besten sichtbaren Verpackungsstelle. Warum nicht, werden Sie sich vielleicht fragen? Ganz einfach: Die Bezeichnung ist schonungslos. Während die Vorderseite beispielsweise appetitlich-knusprig wirkende Chicken Dippers zeigt, klärt die Bezeichnung auf: „Hähnchenbrustfleisch, z. T. fein zerkleinert, mariniert, zusammengefügt, mit Backteig umhüllt, vorgebacken,

tiefgefroren" – mit anderen Worten: Formfleisch. Der
Erdbeer-Drink – „fruchtig & lecker" – entpuppt sich
als „Milchmischgetränk aus Magermilch mit Erdbeer-
geschmack, wärmebehandelt (sterilisiert)" (Abbildung
auf Seite 52). Bezeichnungen, die so wenig verlockend
klingen, wollen Hersteller lieber nicht an prominenter
Stelle präsentieren.

Hähnchenbrustfleisch, z.Teil fein zerkleinert,
mariniert, zusammengefügt, mit Backteig
umhüllt, vorgebacken, tiefgefroren.

Stand: 03/2015

Die Geschmack-Falle und ihr ominöser Hintergrund

In vielen Bezeichnungen stehen auch die Geschmacks-richtungen. Vielleicht wundert es Sie nicht im Mindes-ten, wenn Ihr Getränk Kräuter Sommer laut Bezeich-nung „Kräutergeschmack" aufweist oder Ihr *Erdbeer Drink* „Erdbeergeschmack". **Geschmack**, das klingt einladend, spricht die Sinne an – kann aber eine Falle sein. Denn wenn das Getränk echte Kräuterauszüge enthielte und beim *Erdbeer Drink* Farbe und Ge-schmack von einer Fruchtzubereitung kämen, dann würden Sie einen Hinweis auf die Zutaten „Kräuter" oder „Erdbeeren" auch in der Bezeichnung finden, zum Beispiel als „Erfrischungsgetränk mit Kräuteraus-zügen" oder „Milchmischgetränk mit 20 % Erdbeer-zubereitung". Wenn ein Hersteller **„echte" Zutaten** verwendet – die in der Regel teurer und aufwendiger zu verarbeiten sind – hält er damit nicht hinterm Berg. „Geschmack" dagegen bedeutet häufig, dass die er-hofften Zutaten kaum oder gar nicht enthalten sind, sondern stattdessen **Aromen** (siehe Seite 234).

Stand: 04/2015

Bezeichnung Landlob
Erdbeer Drink
Stand: 04/2015

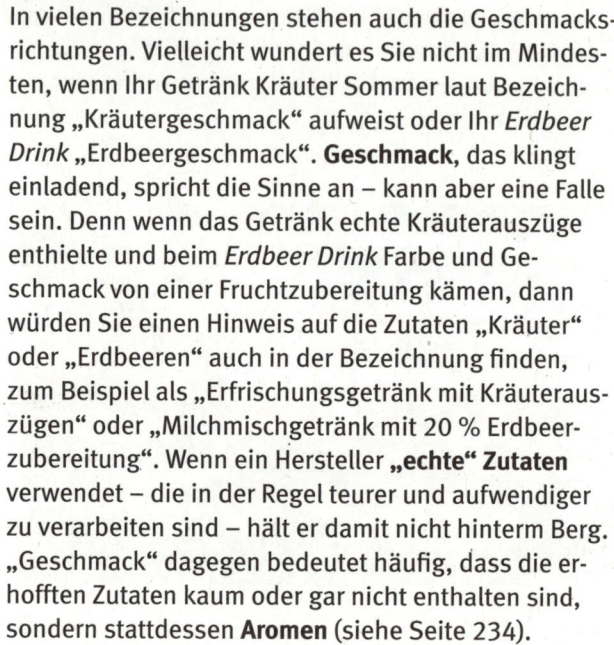

Erdbeer Drink:
Milchmischgetränk aus Magermilch mit Erdbeer-Geschmack, wärmebehandelt (sterilisiert).
Mit Zucker und Süßungsmitteln.

Limonade mit Kräutergeschmack
Zutaten: Wasser, Zucker, Kohlensäure,
Säuerungsmittel Citronensäure,
natürliches Aroma, Farbstoff E 150c

Wenn Sie „Geschmack" in der Bezeichnung sehen,
sollte Ihr nächster Blick der Zutatenliste gelten: Sind
die beworbenen Zutaten überhaupt enthalten? Und
wenn ja, in welcher Menge? Finden Sie keine Prozentzahl, dann sind die Zutaten nur in winzigen Mengen vorhanden – meist deutlich unter zwei bis drei
Prozent. Denn wenn Zutaten „in geringer Menge zur
Geschmacksgebung" verwendet werden, darf die konkrete Mengenkennzeichnung fehlen – so will es die Lebensmittelinformationsverordnung (siehe Seite 68 ff.).

Allerdings liefert die Bezeichnung nicht immer die
gewünschte Information. Ein Manko dabei ist die
Vorgabe, dass sie – wenn sie nicht wie oben erwähnt
bei Fruchtsaft oder anderen Produkten festgelegt
ist – das Lebensmittel beschreiben soll. Und hier ist

Stand: 05/2015

den Werbetreibenden wieder reichlich Freiraum für
nichtssagende oder blumige Formulierungen gegeben.
Firmen erfinden vielversprechende Bezeichnungen wie
„knuspriger Haferkeks" und „feine Waldbeer-Joghurt-
cremefüllung in Edel-Vollmilchschokolade" oder „köst-
liche, knusprige Brot Chips". Im ungünstigsten Fall
bleibt die Art des Lebensmittels sogar unklar, etwa bei
„Knusperchips" oder „Candy-Creme". Das ist inakzep-
tabel und auch nicht im Sinne der Rechtsverordnung.

[] Tipp

Die Bezeichnung finden Sie meist erst auf den zweiten oder dritten Blick. Nehmen Sie darin aber jedes einzelne Wort ernst! „Himbeergeschmack" steht beispielsweise nicht für Himbeeren – er kann auch Himbeeraroma bedeuten. Und eine Pflanzenfettzubereitung „mit Olivenöl" wurde nicht unbedingt aus Olivenöl hergestellt. Sie kann hauptsächlich aus anderen – preiswerteren – Pflanzenölen bestehen.

Auch Mengenangaben zu abgebildeten oder genannten Zutaten finden Sie oft in der Bezeichnung. Werden sie weder dort noch in der Zutatenliste genannt, sind die Zutaten meist nur in kleinen oder kleinsten Mengen (weniger als zwei bis drei Prozent) vorhanden – und der Geschmack stammt von zusätzlichem Aroma.

Das fordern die Verbraucherzentralen

Die Verbraucherzentralen sehen in puncto Bezeichnung dringend Handlungsbedarf:

- Die Bezeichnung sollte immer klar und deutlich auf der Vorderseite der Verpackung stehen! Erst dann können Sie am Regal sofort erkennen, welche Lebensmittel Ihnen bunt und werblich aufgepeppt angeboten werden.
  Damit wäre ein Großteil der Missverständnisse beim Kauf aus dem Weg geräumt – für den Gesetzgeber eigentlich ein einfaches Mittel, wenn er es mit dem Verbraucherschutz ernst meint.
- Beschreibende Bezeichnungen müssen aussagekräftig sein! Wohlklingende, aber wenig informative Lebensmittelbezeichnungen erfüllen den Zweck der Bezeichnung nicht und sollten von der Lebensmittelüberwachung konsequent beanstandet werden.

Muh statt Mäh?
Tierartenkennzeichnung

Aus der mediterranen Küche ist Schafskäse nicht weg-
zudenken. Eine seiner bekanntesten Sorten ist Feta. Er
trägt das europäische Herkunftszeichen „geschützte
Ursprungsbezeichnung" (siehe Seite 98). Dies ist eine
Besonderheit, denn damit liegt fest, woraus, wie und
wo Feta garantiert hergestellt wird:
- Er ist ein Weißkäse in Salzlake,
- er wird aus Schafsmilch, eventuell mit einem Anteil
  Ziegenmilch hergestellt und
- er stammt vom griechischen Festland oder der Insel
  Lesbos.

Allerdings gibt es eine Reihe von „Doppelgängern",
die aussehen wie Feta und ähnlich schmecken, aber
kein Feta sind. Sie heißen zum Beispiel „Hirtenkäse",
„Balkankäse", „Weichkäse" oder „Käse in Salzlake".

Beispiel für einen
„echten" Feta;
Stand: 04/2013

Häufig tragen die Produkte griechisch anmutende Produktnamen, die Verpackung zeigt typische Griechenland-Bildmotive wie Hirten und Urlaubsinseln. Auch die „traditionelle Art" wird mitunter beworben. So kann leicht der Eindruck entstehen, dass es sich auch hier um griechischen Schafskäse handelt. Oft stammen diese Sorten aber weder aus Griechenland, noch sind sie aus Schafsmilch gemacht. Sie werden in Deutschland als Weißkäse – aus Kuhmilch – in Salzlake produziert und verkauft. Aus Sicht der Verbraucherzentralen ist das Schwindel! Gegen diesen Salzlakenkäse ist zwar grundsätzlich nichts einzuwenden – wohl aber, wenn er im Mäntelchen des griechischen Schafskäses daherkommt; denn dann wird der Kundschaft unbemerkt ein preiswerter Ersatz anstelle der griechischen Spezialität untergeschoben.

Die Verbraucherzentralen haben im Jahr 2012 dazu eine Befragung durchgeführt: Sie zeigten den Teilnehmenden die Verpackung eines deutschen Salzlakenkäses aus Kuhmilch, in Pflanzenöl eingelegt, mit griechisch anmutendem Namen und Motiv. 72 Prozent der 750 Befragten gaben an, sich durch die Verpackungsaufmachung getäuscht zu fühlen. 62 Prozent waren der Ansicht, diese Produkte sollten verboten werden. Damit barg der Käse aus Sicht der Verbraucher von allen in der Studie abgefragten Produkten das größte Täuschungspotenzial.

Blindekuh-Spiel auf der Verpackung!

Wenn Sie nun wissen möchten, woher der Weißkäse kommt und von welcher Tierart er stammt, werden Sie vermutlich das Kleingedruckte auf der Verpackung unter die Lupe nehmen. Aber da gibt es weitere Hürden: Vielleicht steht in der Bezeichnung eindeutig, dass es sich

Beispiele für Weiß-
käse aus Kuhmilch;
Stand: 04/2013

um deutschen oder griechischen Käse handelt. Dazu
ist der Anbieter seit Dezember 2014 verpflichtet, „falls
ohne diese Angabe eine Irreführung der Verbraucher
über das tatsächliche Ursprungsland oder den tatsächlichen Herkunftsort des Lebensmittels möglich wäre,
insbesondere wenn die dem Lebensmittel beigefügten
Informationen oder das Etikett insgesamt sonst den Eindruck erwecken würden, das Lebensmittel komme aus
einem anderen Ursprungland oder Herkunftsort" (siehe
Seite 96). Käse mit griechisch anmutendem Namen und
griechischer Aufmachung sollten unter diese Regelung
fallen. Es bleibt aber abzuwarten, wie streng Gerichte
mit der Vorschrift umgeben. Steht kein Ursprungland
auf der Verpackung, finden Sie zwar eine Firma und
Adresse auf der Verpackung, diese muss aber nicht
den Hersteller des Produkts angeben. Es reicht rein
rechtlich schon, wenn hier der Verpacker oder Verkäufer
steht. Auch das Identitätskennzeichen, das fast alle
verpackten tierischen Lebensmittel tragen, hilft Ihnen
nicht weiter: Es enthält zwar ein Länderkürzel, zum
Beispiel „DE" für Deutschland sowie eine Betriebsnummer. Das Identitätskennzeichen benennt aber lediglich
denjenigen Betrieb, der das Produkt zuletzt bearbeitet
oder verpackt hat. Das sagt nichts über die Herkunft der
Rohstoffe aus!

Beispiel für ein
Identitätskennzei-
chen; BY steht für
Bayern

Auch die Tierart, von der die Milch stammt, ist häufig nicht auf den ersten Blick auf der Verpackung zu erkennen. Das sollten Sie wissen: Wenn nur von „Milch" oder „Käse" die Rede ist und kein Hinweis auf eine besondere Tierart erfolgt, handelt es sich um ein Lebensmittel aus Kuhmilch. Umgekehrt verbirgt sich hinter der vermeintlich klaren Bezeichnung „Ziegenkäse" zwar meist, aber nicht immer ein Käse, der ausschließlich aus Ziegenmilch hergestellt wurde. Beispielsweise muss der Altenburger Ziegenkäse nur zu 15 Prozent aus Ziegenmilch stammen – der Rest ist Kuhmilch!

Beispiel für eine Bezeichnung auf Altenburger Ziegenkäse

handgekäster Weichkäse mit mindestens 15 % Ziegenmilch

Schwieriger kann es werden, wenn Sie die Zutaten wissen wollen. Denn anders als bei den meisten Lebensmitteln muss auf Käse nicht immer eine Zutatenliste stehen. Die EU-Lebensmittelinformationsverordnung (LMIV) sieht vor, dass kein Zutatenverzeichnis erforderlich ist, wenn Käse nur die für die Herstellung notwendigen Zutaten enthält. Das sind Milchinhaltsstoffe, Enzyme, Mikroorganismenkulturen und auch das Speisesalz – außer bei Frisch- und Schmelzkäse (siehe Seite 163). Über die Tierart informiert daher in der Regel nicht das Zutatenverzeichnis, sondern die Bezeichnung, die sich leider meist klein gedruckt auf der Rückseite der Verpackung des Lebensmittels befindet (siehe Seite 49, 234).

[] Tipp

Bei allem, was nach griechischem Schafskäse aussieht, sollten Sie genau auf die Verpackung schauen. Finden Sie keinen Hinweis auf die Herkunft, so kann er überall produziert worden sein. Ohne Angabe einer bestimmten Tierart in der Bezeichnung oder in der Zutatenliste stecken hinter „Käse" und „Milch" Produkte aus Kuhmilch.

Schwarze Schafe in der Gastronomie

Anders ist es bei der Auswärtsverpflegung. Die Speisekarten von Restaurants und Imbissbuden versprechen
häufig Salate und griechische Gerichte „mit Schafskäse". Nicht selten wird Ihnen aber der preisgünstigere
Ersatz aus Kuhmilch aufgetischt! Immer wieder beanstandet die Lebensmittelüberwachung in Gaststätten
und Imbissbuden eine falsche Tierartenkennzeichnung. Nicht selten werden sogar Imitate mit Pflanzenfett statt Schafskäse oder Feta gefunden. Ein lebensmittelrechtlich wenig geschulter Gastwirt, der seinen
Kunden in erster Linie ein einfaches, preiswertes Essen
anbieten möchte, wird den Unterschied möglicherweise selbst nicht erkennen. Im schlimmeren Fall täuscht
der Wirt seine Kunden mit Absicht, denn so lässt sich
unbemerkt die Gewinnspanne vergrößern.

! Achtung

Pflanzenfett hat in Käse nichts zu suchen. Es ist ein
untrügliches Zeichen für ein Imitat, wenn pflanzliche
Öle oder Fette das teurere Milchfett komplett oder teilweise ersetzen. Typische weitere Zutaten sind Wasser,
Stärke, Emulgatoren, Aromen, Farbstoffe, Geschmacksverstärker, pflanzliches Eiweiß und/oder Milchpulver.
Mit Käse hat das Ganze nicht mehr viel gemein. Daher
ist die Bezeichnung „Käse" für solche Produkte verboten, erst recht die Bezeichnung „Feta".
Nach den Vorschriften der LMIV muss ein Hersteller
solche Lebensmittelimitate seit Dezember 2014 speziell kennzeichnen. „Imitat" muss aber nicht wörtlich auf
der Verpackung stehen. Stattdessen muss der ersatz-
weise verwendete Stoff in unmittelbarer Nähe des
Produktnamens angegeben sein; es kann dann etwa
„hergestellt aus Pflanzenfett" heißen. Die Schriftgröße
der Imitatkennzeichnung muss mindestens 75 Prozent
der Größe des Produktnamens betragen.

Auch wenn die Vorschriften zur Kennzeichnung von Speisen in Gaststätten und Kantinen im Vergleich zu fertig verpackten Lebensmitteln sehr eingeschränkt sind, gilt dort für die Bezeichnungen „Feta" und „griechischer Schafskäse" dasselbe wie bei verpackten Lebensmitteln: Wenn Feta auf der Speisekarte steht, muss auch Feta serviert werden. Auch Hinweise auf Herkunft und Tierart dürfen nicht täuschen. So will es jedenfalls das Lebensmittelrecht.

Sie als Gast können häufig schwer erkennen, ob Ihr Essen mit Feta oder mit Weißkäse aus Kuhmilch zubereitet wurde. Abgesehen von einem geschmacklichen Unterschied, ist Schafskäse in der Regel weiß und bröckelig, Weichkäse aus Kuhmilch eher cremefarben. Zerkleinert im Salat oder im Ofengericht ist der Unterschied aber meist nicht mehr auszumachen.

Das fordern die Verbraucherzentralen

Die Lebensmittelüberwachung muss hier verstärkt auf korrekte Bezeichnungen achten, in der Gastronomie, aber auch im Einzelhandel. Dabei sollte sie auch die Aufmachung des Produktes berücksichtigen und konsequent eingreifen, wenn Verbrauchern eine deutsche Kuh im griechischen Schafspelz angedreht wird.

Hier geht's um die Wurst!

Deutlich detaillierter als bei Milchprodukten ist die Tierartenkennzeichnung bei Fleischerzeugnissen geregelt. Das ist aber noch nicht lange so. Bis vor kurzem durften sich hinter „Kalbswiener", „Hirsch-"

oder „Lammsalami" Fleischerzeugnisse verbergen, die hauptsächlich aus Schwein bestanden.

Seit Dezember 2015 wird mehr Transparenz in puncto Tierart gefordert. Die Deutsche Lebensmittelbuchkommission hat sich für klarere Angaben ausgesprochen und damit die Kennzeichnungen an die Verbrauchererwartungen angepasst. Dabei ist allerdings zu berücksichtigen, dass die von der Kommission verabschiedeten Leitsätze grundsätzlich nicht rechtsverbindlich sind. Hersteller tun dennoch gut daran, sich danach zu richten, denn in rechtlichen Auseinandersetzungen gelten die Leitsätze wie Sachverständigengutachten. Zwar können Hersteller von den Vorgaben abweichen – dann sollten sie diese Abweichung aber auf dem Produkt eindeutig kennzeichnen. Insofern haben die Leitsatzänderungen zu einer deutlichen Verbesserung der Kennzeichnung von Fleischerzeugnissen beigetragen.

Diese Vorgaben zur Tierartenkennzeichnung sind neu:

- Fleischerzeugnisse, die auf keine besondere Tierart hinweisen, bestehen aus Schweine- und/oder Rindfleisch. Wird jedoch auf „Rind" hingewiesen und zusätzlich Schweinefleisch verwendet, so macht die Bezeichnung dies deutlich, zum Beispiel „Rindersalami mit Schweinefleisch". Der Rindfleischanteil sollte dann überwiegen.
- Erzeugnisse wie „Lammsalami" oder „Wildschweinbratwurst" ohne zusätzlichen Hinweis auf eine andere Fleischart in der Bezeichnung bestehen tatsächlich ausschließlich aus dem Fleisch der genannten Tierart.
- Bestehen Fleischerzeugnisse nur teilweise aus dem Fleisch einer besonderen Tierart, so heißt die Bezeichnung etwa „Salami mit 5 % Lammfleisch" oder „Wiener Würstchen mit Hähnchenfleisch".

- Wird „Kalb" in der Bezeichnung vorangestellt,
  zum Beispiel „Kalbswiener", so sollen mehr als 50
  Prozent des Fleischanteils vom Kalb- oder Jungrindfleisch stammen. 100 Prozent Kalb- oder Jungrindfleisch sind in diesem Fall nicht gefordert.
- Wenn von „Geflügel" die Rede ist, handelt es sich
  um Huhn und/oder Pute, es sei denn, eine andere
  Geflügelart ist ausdrücklich genannt – zum Beispiel „Geflügel-Lyoner mit Entenfleisch". Fleisch
  anderer Tierarten darf ebenfalls bei entsprechender
  Bezeichnung mitverwendet werden. Dann heißt es
  „Geflügelwiener mit Rindfleisch" oder besser noch
  mit Prozentangabe: „Puten-Lyoner mit 20 % Schweinefleisch".
- Bei Leberwurst oder Leberpastete gilt: Wenn eine
  besondere Tierart oder „Kalb" in Bezug auf die Leber
  genannt wird, zum Beispiel „Kalbsleberwurst" oder
  „Geflügelleberwurst", muss die Leber nicht vollständig, aber überwiegend, also zu mehr als 50 Prozent
  von der genannten Tierart stammen. Anderenfalls
  wird die Leber nicht in direktem Zusammenhang mit
  der Tierart genannt.
  Bei „Kalbfleisch-Leberwurst" bezieht sich die Nen-
  nung der Tierart beispielsweise nicht auf die Leber,
  sondern auf den Fleischanteil. Der Leberanteil kann
  deshalb überwiegend oder vollständig vom Schwein
  stammen.
- Wursthüllen können grundsätzlich auch gereinigte
  Därme, Harnblasen oder Speiseröhren anderer Tierarten als die benannten sein. Sie können auch aus Zutaten von anderen Tierarten hergestellt sein, zum Beispiel aus Rinder-Kollagen. Ausnahme: Trägt die Wurst
  die Angabe „rein" in der Bezeichnung, ist das nicht
  der Fall, zum Beispiel „reine Geflügelwiener" – hier
  darf auch in der Hülle keine andere Tierart stecken.

Fleischerzeugnisse, die nach den „alten" Leitsätzen korrekt gekennzeichnet waren, werden Sie mit der bisherigen Bezeichnung bald nicht mehr im Handel finden. Die „Reh-Pastete" kann nun beispielsweise nicht mehr verschweigen, dass sie erhebliche Mengen Schweinefleisch und Schweineleber enthält. Auch das Rindfleisch in der „Lamm-Salami" darf sich nicht mehr im Zutatenverzeichnis verstecken.

Zutaten: Rehfleisch (40%), Schweinefleisch (30%), Schweineleber (20%), Sahne, Speisesalz, Emulgator: Mono- und Diglyceride von Speisefettsäuren, Gewürze (enthalten Senfmehl und Sellerie), Thymian (0,2%), Rosmarin (0,2%), Kräuter, Lactose, Dextrose, Aromen, Vanillin, Zucker, Stabilisator: Carrageen. Säuerungsmittel: Citronensäure, Antioxidationsmittel: Ascorbinsäure, Konservierungsmittel: Natriumnitrit

Stand: 05/2013

Zutaten: Schweinefleisch 48%, Speck, Schweineleber 17%, Kalbfleisch 15%, Kalbsleber 5%, jodiertes Speisesalz, Gewürze (**enthalten Sellerie**), **Milcheiweiß**, Würze, Aromen, Glukosesirup, Gewürzextrakte, Laktose, Konservierungsstoff: Natriumnitrit. **Kann Spuren von Senf enthalten.**

Stand: 05/2013

Wie jetzt schon bei der „Salami mit Hirsch- und Schweinefleisch" erfahren Sie zukünftig direkt an der Bezeichnung, welche Tierarten „verwurstet" wurden. (siehe Abbildung Seite 64).

Bis die neue Kennzeichnung bei allen Fleischerzeugnissen umgesetzt ist, kann es allerdings noch eine

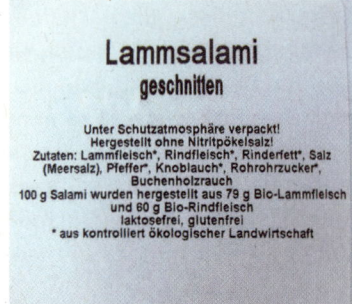

Lammsalami
geschnitten

Unter Schutzatmosphäre verpackt!
Hergestellt ohne Nitritpökelsalz!
Zutaten: Lammfleisch*, Rindfleisch*, Rinderfett*, Salz
(Meersalz), Pfeffer*, Knoblauch*, Rohrrohrzucker*,
Buchenholzrauch
100 g Salami wurden hergestellt aus 79 g Bio-Lammfleisch
und 60 g Bio-Rindfleisch
laktosefrei, glutenfrei
* aus kontrolliert ökologischer Landwirtschaft

Salami
aus
Hirsch- und Schweinefleisch

Zutaten: Hirschfleisch, Schweinefleisch, Schweinespeck, jodiertes Speisesalz, Traubenzucker, Gewürze, Gewürzextrakte, Antioxidationsmittel: Natriumascorbat; Konservierungsstoff: Natriumnitrit; Reifekulturen, Buchenholzrauch. Hülle nicht zum Verzehr geeignet. 100 g Salami, hergestellt aus 62 g Hirschfleisch, 61 g Schweinefleisch und 12 g Schweinespeck.
Mindestens haltbar bis:

100 g enthalten durchschnittlich:	
Brennwert 1620 kJ / 391 kcal	
Fett	33,0 g
davon gesättigte Fettsäuren	14,0 g
Kohlenhydrate	1,0 g
davon Zucker	0,5 g
Eiweiß	22,0 g
Salz	3,8 g

Stand: 07/2015

Weile dauern. Vor allem Konserven mit einer langen Haltbarkeit können Sie vermutlich noch eine geraume Zeit im Handel finden. Vorerst sollten Sie daher weiterhin das Zutatenverzeichnis beachten, wenn Sie die Tierarten in Fleischerzeugnissen wissen wollen.

Lassen Sie sich dabei durch Prozentangaben im Zutatenverzeichnis nicht verwirren. Finden Sie bei den Zutaten einer „Geflügelwiener" beispielsweise die Angabe „82 % Geflügelfleisch", bedeutet das nicht automatisch, dass doch noch Fleisch vom Schwein zugesetzt wurde. Denn Wurst besteht nicht zu 100 Prozent aus Fleisch. Weitere typische Zutaten sind zum Beispiel Wasser, Salz, Zucker, Milcheiweiß und Zusatzstoffe.

Das fordern die Verbraucherzentralen

Die Tierartenkennzeichnung hat sich bei Fleischerzeugnissen deutlich verbessert. Wichtig ist, dass die korrekten Bezeichnungen auf der Schauseite von verpackten Produkten stehen. In Verkaufstheken gehören sie auf Schilder, die gut sichtbar und zuzuordnen sind. Und auch auf Speisekarten müssen die Bezeichnungen den Leitsätzen entsprechen. Die Lebensmittelüberwachung hat für die Einhaltung der Leitsätze zu sorgen.

Verwirrend sind die Ausnahmen für Kalb und Leber. So sollte eine Geflügelwiener zu 100 Prozent aus Geflügel bestehen, bei der Kalbswiener braucht aber nur mehr als 50 Prozent des Rindfleischanteils vom Kalb oder Jungrindfleisch zu stammen – 50,1% Kalb oder Jungrindfleisch würden schon genügen. In der Geflügelleberwurst können erhebliche Mengen Schweineleber stecken – bis knapp 50 Prozent des Leberanteils. Solange hier nicht nachgebessert wird, sollten zumindest klare Angaben über die Prozentanteile der bezeichneten Tierart auf der Schauseite stehen.

Ausgeflogen? Auf der Suche nach Ente und anderen Zutaten

Macht Ihnen die Abbildung auf *Thai Chef Ente* nicht auch Appetit? Knusprig gebratene Entenbrust liegt auf asiatischen Nudeln, dekoriert mit Kräutern, Gemüse und Gewürzen. Ente gut, alles gut? Ein Blick auf die Zutatenliste erfüllt nicht die Erwartungen – das Wort „Ente" taucht dort nicht einmal auf. Die Bezeichnung auf der Rückseite lautet: „Instantsuppe mit 86 % Nudeln und Entengeschmack". Sachkundige ahnen schon bei dem Begriff „Geschmack" (siehe Seite 52) nichts Gutes: Ente ist nur in Form von Aroma enthalten. Aroma ist in der Zutatenliste tatsächlich zu finden. Hätte Frau B. aus Frankfurt, die das Produkt auf www.lebensmittelklarheit.de gemeldet hatte, mit Adlerblick oder gezückter Lupe die Vorderseite der Verpackung durchgescannt, wäre ihr vielleicht der Hinweis **Serviervorschlag** aufgefallen: Er steht in winziger, schwarzer Schrift samt dunkelbraunem Hintergrund auf dem Klebefalz. Das Produkt *„Thai Chef Ente"* ist zum Glück nicht mehr auf dem Markt. Dieses extreme Beispiel zeigt aber beson-

Stand: 03/2012

Zutaten:
Weizenmehl, Palmöl, Tapiokastärke, Zucker, Salz, Geschmacksverstärker (E621, E635), Sojasaucenpulver (Sojabohnen, Weizen, Salz, Maltodextrin), Knoblauch, Gewürze (Pfeffer, Knoblauchpulver, Nelkenpulver), Chilipulver, Farbstoff E150a, Säureregulator (E500, E501), Sojasauce (Sojabohnen, Wasser, Salz), Aroma (mit Milchzucker, Sesamöl), Lauch, Verdickungsmittel E466, Säuerungsmittel Citronensäure.

ders deutlich, wie es Verbrauchern immer wieder ergeht: Einer der häufigsten Beschwerdegründe ist, dass die auf der Verpackung abgebildeten und ausgelobten Zutaten gar nicht, nur in geringsten Mengen oder nicht vorrangig im Produkt enthalten sind.

Hersteller-Schlupfloch: „Serviervorschlag"

Vielfach sind Serviervorschläge auf Verpackungen unproblematisch: Wird auf einer Dosenwurst ein Leberwurstbrot mit einer Gewürzgurke garniert gezeigt, dann werden Sie dies, wie die meisten Käufer, als eine Anregung für die Zubereitung verstehen. Sie würden sicher nicht erwarten, dass in der Dose ein saures Gürkchen oder Brot steckt.

Anders sieht das bei Zutaten aus, die Käufer im Produkt erwarten können, wie im Beispiel *Thai Chef Ente* das Entenfleisch. Hier drängt sich der Verdacht auf, dass einige Firmen die Angabe „Serviervorschlag" als Freibrief für Mogeleien nutzen: So werden frische, qualitativ hochwertige Zutaten auf der Verpackung gezeigt, die mit dem Produkt nie in Berührung kamen.

VEGANKEBAB Curry Veganes Bio-Pfannengericht aus Seitan
●vegan ●lactosefrei ●eifrei
Zubereitungstipp: Mit pflanzlicher Sahne oder Kokosmilch erhitzen. Nach Belieben Gemüse mitdünsten und mit Reis servieren. **Zutaten:** Seitan* (Wasser, WEIZENeiweiß*) 80%, ölsäurereiches (High-Oleic) Sonnenblumenöl*, Gewürze* (enthält SENF*), Salz, Hefeextrakt*, Zwiebeln*, Verdickungsmittel Johannisbrotkernmehl* und Guarkernmehl*. * = aus kontrolliert biologischem Anbau **Allergiehinweis:** Kann Spuren von SELLERIE und SOJA enthalten.

Auch im vegetarischen Pfannengericht *Vegankebab Curry* können Sie zu Recht Erbsen erwarten, denn entsprechend der Verpackungsabbildung sind sie ein wesentlicher Bestandteil der Soße. Tatsächlich fehlen sie aber im veganen Fertigprodukt.

Stand: 05/2015

Auch in diesem Fall verhindert der Hinweis „Servier-vorschlag" nicht, dass sich Verbraucher zu Recht von der Aufmachung und Bewerbung des Produkts getäuscht fühlen.

Auf das Verhältnis kommt es an

Nicht selten vermitteln Abbildungen und Produktna-men auch ein völlig falsches Bild über die enthaltenen Mengen von Zutaten. So prangt auf dem Brotaufstrich mit Olivenöl von Bertolli ein Olivenzweig mit Früchten. Hauptzutaten sind jedoch Rapsöl und Palmfett.

STREICHFETT 38% MIT 20% OLIVENÖL IM FETTANTEIL
Zutaten: Trinkwasser, pflanzliche Öle und Fette (Raps, Palm, Palm ganz gehärtet), 7,5% Olivenöl, BUTTERMILCH, modifizierte Stärke, Speisesalz (0,4%), Emulgatoren (Mono- und Diglyceride von Speisefettsäuren, Lecithine), Konservierungsstoff (Kaliumsorbat), Säuerungsmittel (Citronensäure), Aromen, Vitamine (A, D), Farbstoff (Carotine). Unilever setzt sich für nachhaltiges Palmöl ein, Infos: www.unilever.de/nachhaltigkeit

Stand: 03/2015

Im Normalfall erfahren Sie durch die Zutatenliste nicht, in welchen Mengen die einzelnen Zutaten enthalten sind. Wenn der Anbieter jedoch Zutaten auf der Verpackung nennt oder abbildet, so muss er deren prozentualen Men-genanteil angeben. Verbraucher sollen so vor falschen Vorstellungen über beworbene Zutaten geschützt wer-den, das will die EU-Lebensmittelinformationsverordnung mit der **QUID-Regelung** (Quantitative **I**ngredients **D**ecla-ration – Quantitative Angabe der Zutaten) erreichen.

Die Mengenangabe der beworbenen Zutat steht in oder unmittelbar bei der Bezeichnung – zum Beispiel „Knuspermüsli mit 12 % Haselnüssen"– oder in der Zutatenliste bei den entsprechenden Zutaten, zum Bei-spiel „Erdbeeren (3 %)". Diese Regelung gilt unter den folgenden Voraussetzungen:

- Die Zutat ist im Produktnamen genannt, beispielsweise der Schinken auf der Schinkenpizza.
- Die Zutat wird durch Abbildungen oder Wörter besonders hervorgehoben, wie zum Beispiel der Erdbeeranteil durch den Hinweis „mit fruchtigen Erdbeeren" und die Abbildung von Erdbeeren.
- Der Verbraucher erwartet aufgrund der Bezeichnung bestimmte Zutaten wie etwa Pilze in der „Jägersoße"
- Die Zutat ist von wesentlicher Bedeutung für „die Charakterisierung eines Lebensmittel" und seine Unterscheidung von ähnlichen Erzeugnissen.

[] Tipp

Abbildungen von prallen Früchten, leckerer Schokolade oder hochwertigen Fleischstücken springen bei den meisten verpackten Lebensmitteln sofort ins Auge. Lassen Sie sich nicht täuschen! Für wörtlich genannte und abgebildete Zutaten gilt die Mengenkennzeichnung. Im Kleingedruckten auf der Rückseite erfahren Sie, wie viel der ausgelobten Bestandteile tatsächlich im Produkt stecken. Ist die Menge nicht angegeben, so ist die Zutat nur bis zu etwa zwei Prozent drin. Diese kurze Prüfung bringt oft erstaunliche Ergebnisse und zeigt immer wieder: Ein hoher Preis und eine appetitliche Aufmachung der Verpackung bedeuten nicht unbedingt, dass auch viel von den angegebenen hochwertigen Zutaten im Produkt steckt. Preiswerte Lebensmittel in schlichter Verpackung können hier oftmals mithalten.

Zurück zur *Thai Chef Ente* von Seite 66). Bei solchen Produkten hilft die Mengenkennzeichnung allerdings nicht weiter: Für etwas, das nicht enthalten ist, kann keine Menge angegeben werden – den Hinweis „mit

0 % Ente" werden Sie in keiner Bezeichnung finden.
Gleiches gilt für die Zutatenliste: Was nicht drin ist,
kommt auch nicht drauf.

Lücken bei der Mengenkennzeichnung: ärgerlich und sinnlos

Für Zutaten, die in geringer Menge zur sogenannten
Geschmacksgebung verwendet werden, gilt die Men-
genkennzeichnungspflicht nicht. Was „geringe Mengen" sind, schreibt die EU-Lebensmittelinformationsverordnung nicht vor. In der Praxis kann man von etwa
zwei Prozent ausgehen. Das erfundene Beispiel zeigt
die daraus folgende Konsequenz: Ein Erfrischungsgetränk „Mango" gibt im Zutatenverzeichnis an „Mangosaft (5%)". So mancher fühlt sich hierdurch verschau-
kelt und hätte zu Recht mehr erwartet. Ein anderer
Hersteller führt in der Zutatenliste nur „Mangosaft"
auf, ohne jegliche Mengenangabe. Damit lassen sich
die Produkte nicht mehr miteinander vergleichen. Nur
wer die Kennzeichnungsreglung kennt, interpretiert
richtig, dass im zweiten Getränk vermutlich weniger
als zwei Prozent Mango sind.

Und so sieht das Ganze aus Herstellersicht aus: „Gebe
ich nur besonders wenig der beworbenen Zutat in
mein Produkt, kann ich verschweigen, wie geizig ich
damit bin. Für den Geschmack verwende ich Aromen –
das ist billiger."

Das fordern die Verbraucherzentralen

- Diese Ausnahmeregelung macht keinen Sinn und sollte schleunigst abgeschafft werden!
- Wer mit Zutaten wirbt, soll gefälligst auch angeben, wie viel oder wie wenig er davon verwendet!

Einige Beispiele zu diesem Hersteller-Schlupfloch:

- *Müllermilch Pistazie-Cocos*: Pistazie und Kokos sind genannt und abgebildet – aber offensichtlich nur „in geringer Menge zur Geschmacksgebung" mit je unter zwei Prozent enthalten – denn die Mengenkennzeichnung fehlt.

Milchprodukt mit fettarmer Milch und Pistazien-Kokosnussgeschmack. Wärmebehandelt.1,5% Fett im Milchanteil.

Zutaten: fettarme **Milch**, **Buttermilch**, Zucker, Traubenzucker, **Milchzucker**, **Pistazienmark**, getrockneter Kokosnussextrakt, modifizierte Stärke, Farbstoffe E 141, Stabilisator Carrageen, Aroma, Vitamin E, *Thiamin*, Riboflavin, Vitamin B6. **Kann Spuren von anderen Nüssen/ Schalenfrüchten enthalten.**

Stand: 03/2015

- *Brunch Feine Kräuter*: Auch hier sind auf der Schauseite zwar Kräuter genannt und abgebildet. Eine Mengenangabe fehlt jedoch – mehr als zwei Prozent Kräuter werden nicht enthalten sein.

Brotaufstrich aus Rahm und Joghurt. **Zutaten:** 78% Rahm, 15% Magermilchjoghurt, Milcheiweiß, Speisesalz, Frischkäse, Kräuter, Speisegelatine, Gewürze.

Stand: 03/2015

Ein ganz luxuriöser Fall!

Die *Enten-Pâté* von Lacroix wirbt mit einem „Hauch
von Luxus". Ob damit die Trüffel-Menge gemeint ist?
Gerade mal 0,5 Prozent befinden sich darin! Oder sind
es die zwei Prozent Entenleber? Mehr als doppelt so
viel gewöhnliches Schweinefleisch wie hochwertigeres
Entenfleisch wäre eine dritte Erklärungsmöglichkeit für
diesen „Hauch"-Slogan. Betrachten Sie die gesamte
Zutatenliste, dann finden Sie dort auch Emulgator E
472c, Stärke, Verdickungsmittel, Konservierungsstoff
und Antioxidationsmittel. Das klingt nicht nach Luxus,
sondern nach einem schnöden Industrieprodukt. Einzig positiv ist, dass der Käufer die Minimengen in der
Zutatenliste tatsächlich erfährt.

Zutaten: Schweinefleisch 26,5 %, Schweineleber, Bouillon (Wasser,
Schweinefleisch, Speisesalz), Speck, Entenfleisch 11 %, Mandarinen,
Entenleber 2 %, Speisesalz, Zwiebeln, Emulgator: E472c,
Sommertrüffel 0,5 %, Stärke, natürliches Orangenaroma, Zucker,
Gewürze, Verdickungsmittel: Guarkernmehl, Antioxidationsmittel:
Ascorbinsäure, Konservierungsstoff: Natriumnitrit.

Stand: 05/2015

Umfruchten

Die treffende Bezeichnung „Umfruchten" hat die
Verbraucherzentrale Hamburg erfunden. Was steckt
dahinter und wie funktioniert es? Ganz einfach: Auf
der Verpackung eines Fruchtsaftgetränks prangen
zum Beispiel großformatig Himbeeren, Brombeeren,
Granatäpfel oder Mangos. Motive von Beerenfrüchten
und exotischen Fruchtarten erfreuen sich hier größter
Beliebtheit. Hauptbestandteil des Getränks ist aber

eine ganz andere, preiswertere Frucht wie zum Beispiel Apfel oder Traube. Damit Abbildung und Inhalt für ein „gelungenes" Umfruchten stimmig sind, darf Aroma natürlich nicht fehlen, häufig werden auch färbende Lebensmittel eingesetzt. Viele Meldungen auf lebensmittelklarheit.de zeigen: Typisch fürs Umfruchten sind Produkte mit hohem Fruchtanteil wie Fruchtsäfte, Fruchtsaftgetränke, Fruchtriegel oder Früchtemüslis.

Beim Smoothie *Innocent Brombeere, Erdbeere & Johannisbeere* erweckt der Produktname beispielsweise den Eindruck, dass er

hauptsächlich aus Brombeeren, Erdbeeren und Johannisbeeren besteht. Tatsächlich machen diese Zutaten zusammen nur 17 Prozent des Inhalts aus. Hauptbestandteile sind Apfel, Banane und Traube.

Stand: 05/2015

Ein vergleichbarer Fall ist das Müsli *Waldbeeren Früchte* von Rosengarten Die Vorderseite der Verpackung zeigt die Abbildung einer Himbeere, einer Brombeere und zweier Heidelbeeren. An Früchten sind aber hauptsächlich Sultaninen enthalten, die abgebildeten Fruchtarten machen zusammen nur knapp vier Prozent aus.

Stand: 05/2015

Auch über aromatisierte Früchtetees beschweren sich immer wieder zahlreiche Käufer und Käuferinnen bei www.lebensmittelklarheit.de. Schöne Abbildungen versprechen fruchtigen Genuss, die passende Produktbezeichnung lautet beispielsweise „Himbeer-Johannisbeere". Der Blick auf die Zutatenliste zeigt, dass die ausgelobten Früchte im Tee nur in Spuren oder gar nicht vorhanden sind. Stattdessen finden sich vielfach andere preisgünstige Früchte wie Apfel und Hagebutte, Hibiskus und – natürlich – Aromen als Zutaten. Die Leitsätze des Deutschen Lebensmittelbuches für Tee und Tee-Erzeugnisse erlauben dies: Nach ihnen sollen aromatisierte Früchtetees lediglich in der Bezeichnung auf die Aromatisierung hinweisen und die Geschmacksrichtung angeben, zum Beispiel „Aromatisierter Früchtetee – Granatapfel-Brombeere". Die genannten oder abgebildeten Fruchtarten können dann aber in nur sehr geringer Menge oder sogar nur als Aroma vorhanden sein.

Stand: 05/2015

Dass diese Regelung an der Auffassung der Verbraucher vorbeigeht, zeigt eine Lebensmittelklarheit-Studie: Sind Früchte, zum Beispiel Granatapfel und Brombeeren, auf einer Früchtetee-Verpackung abgebildet, so erwarten etwa zwei Drittel der Konsumenten, dass diese auch als Zutaten enthalten sind. Über 60 Prozent rechnen nicht damit, dass der Tee hauptsächlich aus anderen Fruchtarten besteht.

Darauf sollten Sie achten

Werden auf Lebensmitteln hochwertige Früchte wie Waldbeeren, Kirschen, Acerola oder Sanddorn beworben, dann überprüfen Sie zunächst, ob es einen Hinweis auf Aromatisierung gibt. Dann können Sie davon ausgehen, dass die abgebildeten Früchte vollständig oder zum Teil durch Aromastoffe ersetzt wurden.

In der Zutatenliste erfahren Sie, welche Fruchtart an erster Stelle steht. Von dieser ist dann am meisten enthalten. Dort finden Sie dann auch Aromen und häufig auch färbende Zutaten, die das Umfruchten vertuschen sollen.

Lassen Sie sich nicht durch Hinweise wie „nur natürlich aromatisiert" irritieren: Hersteller nutzen nämlich zunehmend das bestehende Verwirrspiel bei der Kennzeichnung von „natürlichen Aromen" für ihre Werbezwecke und verpassen ihren Produkten ein natürliches Image (siehe alt S.131#). Tatsächlich handelt es sich hier nicht um Aromen aus den beworbenen Früchten, sondern sie müssen lediglich aus irgendeinem natürlichen Rohstoff stammen; das kann auch Zellulose sein.

Das fordern die Verbraucherzentralen

- Dieses Kennzeichnungsmanöver bei aromatisierten Früchtetees führt Verbraucher in die Irre und gehört so schnell wie möglich abgeschafft: Früchteabbildungen auf Früchtetee müssen die Zusammensetzung wiedergeben, nicht die Aromatisierung.
- Hinweise auf die Aromatisierung gibt es zwar auf den Früchteteepackungen. Allerdings sollten sie deutlich platziert und gut lesbar sein.

„Noch 'ne Runde" – Alkohol in Lebensmitteln

Wenn Sie Bier oder Wein trinken, einer Hirschkeule in Rotwein frönen oder Rumkugeln naschen, sind Sie sich dessen bewusst, dass Sie Alkohol zu sich nehmen. Doch erwarten Sie Alkohol in Fertiggerichten, Soßen oder Desserts? Der ist allerdings nicht selten erhalten.

Meistens ist deren Alkoholgehalt zwar so gering, dass Sie eine körperliche Wirkung ausschließen können. Aber viele Menschen wollen oder müssen auch geringste Mengen Alkohol vermeiden: Für ehemalige Alkoholkranke birgt der Alkoholgeschmack oder allein der Geruch alkoholischer Essenzen wie Rumaroma die Gefahr eines Rückfalls. Natürlich möchten auch viele Eltern verhindern, dass ihre Kinder sich frühzeitig an den Alkoholgeschmack gewöhnen, und meiden deshalb alkoholhaltige Lebensmittel. Viele Menschen lehnen auch aus religiösen Gründen schon kleinste Alkoholmengen ab.

Wie unterschiedlich die Gründe auch sein mögen – jeder sollte die Möglichkeit haben, im Handel und in der Gastronomie schnell und einfach alkoholfreie Lebensmittel wählen und von alkoholhaltigen unterscheiden zu können. Die geltenden gesetzlichen Kennzeichnungsregeln sind hierbei nicht hilfreich.

Haben Sie schon einmal versucht, eine alkoholfreie Pralinenmischung auszuwählen? Die Zutatenliste ist hier oft besonders lang, weil die Schachtel verschiedenste Pralinensorten mit unterschiedlichen Zutaten enthält.

Gut zu wissen

Mal ganz nüchtern betrachtet: Alkohol kann sich auf nahezu alle Organe und Gewebe des menschlichen Körpers negativ auswirken. Größere Mengen Alkohol – vor allem regelmäßig konsumiert – sind riskant: Lebererkrankungen, ein erhöhtes Krebsrisiko, Nerven- oder Hirnschädigungen und nicht zuletzt die Alkoholabhängigkeit können die Folge sein.
In Maßen getrunken ist Alkohol für gesunde Erwachsene unbedenklich: Das bedeutet für Frauen nicht mehr als 10 Gramm reinen Alkohol pro Tag, für Männer nicht mehr als 20 Gramm. 10 Gramm Alkohol stecken etwa in einem kleinen Glas Bier (0,3 Liter) oder Wein (0,1 Liter). Außerdem sollten alkoholhaltige Getränke nicht täglich konsumiert werden.

Um Alkohol als Zutat auszuschließen, reicht es nicht einmal, die häufig winzig klein gedruckte Zutatenliste nach dem Begriff „Alkohol" zu scannen – Sie müssen sie sorgfältig und von vorne bis hinten lesen: Alkohol taucht zum Beispiel auch auf als Arrak, Cognac, Maraschino, Marc de Champagne, Cointreau, Calvados …
Ein mühsames Unterfangen!

Stand: 05/2015

Erlesene Pralinenmischung mit Schokolade- und Milchschokolade-Überzug sowie weißer Schokolade

Zutaten: Zucker, *Weizenstärke, Vollsojamehl*, Glukosesirup, Kakaobutter, Glukose-Fruktose-Sirup, Kakaomasse, Palmöl, *Vollmilchpulver*, Dextrose, *Milchzucker, Erdnüsse*, Kirschsaft, Weinbrand, Emulgator: Lecithine, Feuchthaltemittel: Invertase, Reismehl, *Haselnüsse*, Aromen, Alkohol, Karamellzuckersirup, Orangenschalen, *Süßmolkenpulver*, Rum, Sojaöl, Säuerungsmittel: Citronensäure, Speisesalz. Schokoladenüberzug: Milchschokolade: Kakao: 25 % mindestens; Schokolade: Kakao: 35 % mindestens. *Kann Spuren von anderen Schalenfrüchten enthalten.*
Hergestellt in Deutschland. Vor Wärme schützen und trocken lagern.

Ein deutlicher Alkoholhinweis direkt auf der Vorderseite der Verpackung könnte Käufern, die vor den langen Pralinenregalen stehen, schnell Klarheit verschaffen: Dann könnten Sie sich bei der Wahl auf die Geschmacksvorlieben konzentrieren. Eine solche Kennzeichnung ist aber nicht vorgeschrieben.

Zwar sind etliche Anbieter inzwischen dazu übergegangen, ihre alkohol*freien* Sortimente als solche zu deklarieren. Einen freiwilligen Hinweis, dass Alkohol *enthalten* ist, findet man dagegen kaum. Transparenz sieht anders aus!

Aber es kommt noch schlimmer: Während Käufer bei Pralinen vermutlich eher mit alkoholhaltigen Füllungen rechnen, taucht Alkohol in vielen anderen Produkten gänzlich unvermutet auf: in Erdbeerkonfitüre, Orangenmarmelade, Früchtekuchen, Geflügel- oder Pfif-

Stand: 05/2015

Shrimps in Knoblauchsauce
Zutaten: 50 % **Shrimps**, Rapsöl, Trinkwasser, Zucker, **Sahne**, Branntweinessig, Knoblauch, **Eigelb**, Speisesalz, Maisstärke, Glukosesirup, Sherry, Weinbrand, **Senfsaaten**, Apfelessig, Petersilie, Säureregulator: Natriumacetate; Verdickungsmittel: Guarkernmehl, Johannisbrotkernmehl, Xanthan; Gewürze, **Sellerie**.

ferlingscremesuppe, in Salatdressings, Lachsfilet in Soße, Sauerkraut und Putengeschnetzeltem.

Beispielsweise findet sich auf den Almare Seafood Shrimps in Knoblauchsoße kein Hinweis auf alkoholhaltige Zutaten. Wer die Zutatenliste auf der Rückseite studiert, entdeckt dort aber Sherry und Weinbrand.

Genauso bei der Fertig-Genuss Gulaschsuppe: Sie wurde offensichtlich mit Rotwein abgeschmeckt – das erfährt man aber nur im Zutatenverzeichnis auf der Rückseite.

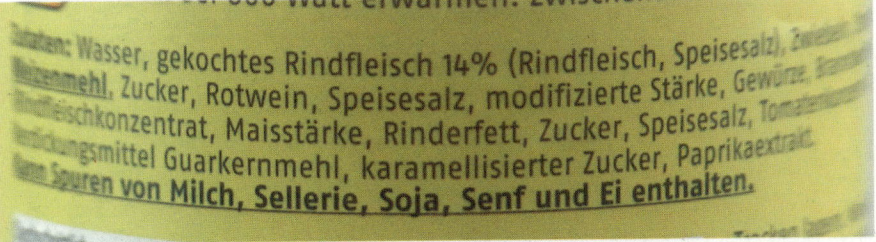

Stand: 05/2015

! Achtung

Ein Test der Verbraucherzentrale Hessen im November 2012 deckte auf, dass sogar in Adventskalendern mit kindgerechten Bildmotiven oft alkoholhaltige Süßigkeiten stecken. Dass Alkohol enthalten ist, verrät meist erst das Klein-gedruckte auf der Kalenderrückseite. Die Firma Niederegger schoss den Vogel ab: Sie gaukelte Verbrauchern mit der falschen Werbebehauptung „ohne alkoholische Füllung" vor, dass die Pralinen im Kalender mit kindlichem Weihnachtsmarktmotiv alkoholfrei seien. Trotzdem fand sich in der Zutaten-liste Alkohol als Bestandteil der Zutat „Marzipan". Der Verbraucherzentrale Bundesverband mahnte den Hersteller ab.

Ein Nachcheck der Verbraucherschützer im Adventskalendersortiment 2013 zeigte bei sechs von elf im Vorjahr kritisierten Herstellern positive Reakti-onen: Einige hatten auf alkoholische Zutaten verzichtet und dies beworben, andere zumindest einen deutlichen Alkohol-Warnhinweis auf der Vorderseite angebracht. Jeder zweite Testkandidat legt offenbar weiterhin auf Transparenz und Verbraucherschutz weniger wert: Er verkauft weiterhin Adventskalender mit kindgerechten Motiven, ohne vorne deutlich darauf hinzuweisen, dass die Füllungen Alkohol enthalten – darunter die Firmen Marc Antoine, Reber und Niederegger (siehe Abbildung unten). Letztere hatte lediglich das im Vorjahr beanstandete Produkt aus dem Handel genommen.

Stand: 11/2013

PRALINEN MIT ZARTBITTER- UND VOLLMILCH-SCHOKOLADE, BLÄTTERKROKANT MIT VOLLMILCH-SCHOKOLADE, GEFLÄMMTES MARZIPAN UND MARZIPAN
100 % MARZIPAN-ROHMASSEN-QUALITÄT
Zutaten: **Mandeln** 28 %, Zucker, Vollmilch-Schokolade 16 % (Zucker, Kakaobutter, **Vollmilch**pulver, Kakaomasse, Emul-gator: **Soja**-Lecithine, Vanille-Extrakt), Zartbitter-Schokolade 15 % (Kakaomasse, Zucker, Kakaobutter, **Vollmilch**pulver, Emulgator: **Soja**-Lecithine, Vanille-Extrakt), **Haselnüsse**, Invertzuckersirup, Alkohol, Kakaobutter, Kakaomasse, **Butter**, **Sahne**pulver, **Pistazien**, Ananas, Emulgatoren: (**Soja**-, Sonnenblumen-Lecithine), Orangenschalen, **Vollmilch**pulver, Glukose-Fruktose-Sirup, löslicher Kaffee, Fruchtpulver Orange (Maltodextrin, Orangen, natürliches Orangenaroma), Frucht-pulver Ananas (Ananas, Maltodextrin), Arrak, natürliches Ananasaroma, Glukosesirup, Zimt, Säuerungsmittel: Zitronen-säure, stark entölter Kakao, Überzugsmittel: Gummi arabicum, getrocknetes Hühnerei**weiß**, Stabilisator: Gummi arabicum, Vanillepulver, Farbstoffe: (E 120, 132, 160 a).
Kann Spuren von anderen Schalenfrüchten und glutenhaltigem Getreide enthalten.
Kakao: 50 % mindestens in der Zartbitter-Schokolade.
Kakao: 33 % mindestens in der Vollmilch-Schokolade.
Kühl und trocken lagern. Hergestellt in Deutschland.

Das sagen die derzeitigen Kennzeichnungsregelungen

- Grundsätzlich darf Alkohol als Zutat in Lebensmitteln enthalten sein, ohne dass darauf besonders hingewiesen werden muss.
- Der Alkohol oder die alkoholhaltige Zutat muss im Zutatenverzeichnis aufgeführt sein.
- Bei Getränken ab 1,2 Volumenprozent Alkohol muss die Alkoholmenge angegeben werden. Ein Zutatenverzeichnis ist aber nur bei Bier vorgeschrieben und Nährwertangaben werden auch zukünftig auf alkoholischen Getränken nicht verpflichtend sein (siehe Seite 162).
- Für feste Lebensmittel gibt es keine Vorschrift, die Alkoholmenge zu kennzeichnen – unabhängig davon, wie viel Alkohol ein Produkt enthält!
- Wenn Alkohol als Trägerstoff oder Lösungsmittel für Aromen dient, muss er in der Zutatenliste nicht extra erwähnt werden, gekennzeichnet wird nur das Aroma. Verarbeitete Lebensmittel können bei den üblichen Aromadosierungen auf diese Weise 0,01 bis 0,2 Prozent Alkohol enthalten.

Studieren geht über probieren

Verpackte Lebensmittel müssen, abgesehen von wenigen Ausnahmen, ein Zutatenverzeichnis tragen. Dort ist entweder „Alkohol", auch als „Ethanol" oder „Ethylalkohol" bezeichnet, zu finden oder aber die alkoholhaltigen Zutaten wie Wein oder Spirituosen. Wenn Sie es genau wissen wollen, studieren Sie unbedingt die Zutatenliste. Doch Vorsicht: Sehr geringe Alkoholmengen können sich als Trägerstoffe oder Lösungsmittel von Aromen im Lebensmittel verstecken, ohne dass Sie davon etwas erfahren, denn hier muss der Alkohol

nicht deklariert sein, sondern taucht nur als „Aroma"
in der Zutatenliste auf. Und bei allen lose verkauften
Lebensmitteln sowie in der Gastronomie hilft grundsätzlich nur Nachfragen.

Nicht immer 0,0 „Umdrehungen": alkoholfreies Bier

Erwarten Sie, dass ein alkoholfreies Bier immer frei
von Alkohol ist? Dem ist leider nicht so. Immer wieder
beschwerten sich Verbraucher im Internetportal le-
bensmittelklarheit.de über „alkoholfreie" Biere. Sie
sahen sich durch die Aufmachung und Kennzeichnung
getäuscht, nachdem sie erfahren hatten, dass der Ger-
stensaft trotzdem Alkoholmengen von bis zu 0,5 Volumenprozent aufweisen kann. Bei der Angabe „alkoholfrei" erwarten diese Käufer ein Bier, das tatsächlich
frei von Alkohol ist. Ärgerlich fanden sie auch, dass ein
Hinweis auf den enthaltenen Restalkohol fehlte.

In Deutschland wird Bier in der Tat bis zu einem Alkoholgehalt von 0,5 Volumenprozent als „alkoholfrei"
bezeichnet. Dieser Wert ist jedoch nur ein „üblicher"
und von der Lebensmittelüberwachung respektierter.
Die Bezeichnung „alkoholfrei" ist bei Bier bisher nicht
rechtlich festgelegt. Verfahrenstechnisch ist es durchaus möglich, den Alkohol restlos aus dem Bier zu ver-
bannen. Es sind auch Biere auf dem Markt, die wirklich
keinen Alkohol enthalten.

Doch selbst wenn Sie über den möglichen Restgehalt
an Alkohol Bescheid wissen, haben Sie keine Möglichkeit, festzustellen, ob und wie viel Alkohol Ihr „alkoholfreies" Bier enthält. Hier fehlt eine klare Kennzeich-
nungsregelung!

Die Bierbranche rechtfertigt sich gegenüber den Verbraucherzentralen gerne mit dem Argument, dass auch andere Lebensmittel wie Obstsäfte und Kefir geringe Alkoholmengen enthalten könnten, ohne dass diese deklariert seien. Das ist zwar richtig und die Verbraucherzentralen gehen tatsächlich auch davon aus, dass dies nicht jedem Käufer bekannt ist. Der Fall liegt hier aber anders: Diese Produkte werden in der Regel nicht als „alkoholfrei" beworben. An einen Kefir, den der Hersteller als „alkoholfrei" kennzeichnet, würden die Verbraucherschützer dieselbe Messlatte anlegen wie an alkoholfreies Bier: Was sich „alkoholfrei" nennt, muss eben auch alkoholfrei sein, nämlich 0,0 Volumenprozent.

Inzwischen hat das Projekt Lebensmittelklarheit.de in einem Dialog mit dem Deutschen Brauerbund eine freiwillige verbesserte Kennzeichnung erreicht: Die Brauereien, die zum Deutschen Brauerbund gehören, geben seit Mitte 2015 den Restalkohol auf ihren alkoholfreien Bieren an. Leider steht der Hinweis häufig nicht, wie von den Verbraucherzentralen gefordert, auf der Vorderseite, aber Sie können als Kunde bei diesen Bieren nun zumindest bei genauerem Hinschauen erfahren, ob Restalkohol enthalten ist oder nicht.

Übrigens: In der Nährwertkennzeichnung (siehe Seite 237), die meist in Tabellenform den Gehalt an Kalorien und Nährstoffen auflistet, finden Sie manchmal den Begriff „mehrwertige Alkohole". Diese haben mit „Alkohol" im herkömmlichen Sinne, also Ethylalkohol, nichts zu tun. Es handelt sich um sogenannte Zuckeralkohole oder Zuckeraustauschstoffe. Sie dienen zum kalorienarmen und zahnschonenden Süßen und riechen und schmecken auch nicht nach Alkohol.

Das fordern die Verbraucherzentralen

Es ist unrealistisch, dass Verbraucher während des Lebensmitteleinkaufs ständig die kleingedruckte Zutatenliste komplett lesen. Es ist auch nicht zumutbar, dass sämtliche Informationen auf der Verpackung durchforstet werden müssen, um Hochprozentiges in Lebensmitteln vermeiden zu können.

- Um Transparenz beim Einkauf zu schaffen, muss die Kennzeichnung alkoholhaltiger Lebensmittel verbessert werden: Ein eindeutiger, gut erkennbarer Alkoholhinweis ist auch aus Gründen eines vorbeugenden gesundheitlichen Verbraucherschutzes wichtig, sowohl für Kinder als auch für Erwachsene, die auf jeglichen Alkohol verzichten müssen oder wollen.
- Der eindeutige, gut erkennbare Alkoholhinweis gehört sowohl auf verpackte Lebensmittel – und zwar auf die Vorderseite – als auch an deutlicher Stelle zu unverpackten Produkten, unabhängig davon, wie viel Alkohol sie enthalten.
- In der Gastronomie und in der Gemeinschaftsverpflegung sollten Gerichte mit Alkohol auf der Speisekarte oder im Aushang entsprechend deutlich kenntlich gemacht werden.
- Alle alkoholhaltigen Lebensmittel, ob Getränke oder feste Lebensmittel, sollten darüber hinaus eine Zutatenliste und eine Nährwertkennzeichnung tragen, die auch den Alkoholgehalt nennt.
- Die Werbung „alkoholfrei" muss Produkten mit 0,0 Volumenprozent (vol. %) Alkohol vorbehalten sein.

Produkte von nah und fern

Viele Produktnamen schmücken sich mit Herkunfts-angaben. So sind Krabben nicht einfach „Krabben", sondern „Büsumer Krabben". Das Gleiche gilt zum Bei-spiel auch für „Original Schweizer Bündner Fleisch", „Mühlhäuser Erdbeerkonfitüre", „Bayerischer Leberkä-se" oder „Lüneburger Heidschnucke". Aber können Sie wirklich den wohlklingenden Angaben vertrauen? Was steckt dahinter?

Welchen Bezug solche Produkte zur angegebenen Ortsbezeichnung oder Region haben, ist vielfach un-klar. Kein Wunder! Denn die Bandbreite reicht vom Wiener Würstchen, das Wien niemals gesehen haben muss, über den Allgäuer Bergkäse, der tatsächlich von Milchkühen im Allgäu stammt und dort produziert wur-de, bis zum Hühnerei mit aufgedrucktem Erzeugercode (siehe Seite 86). Letzterer ist eine gesetzlich verpflich-tende Ursprungskennzeichnung, durch die der Käufer die Eierherkunft zumindest bis zum Bundesland – oder sogar bis zum Produzenten – zurückverfolgen kann.

Rechtlich geregelt – mit vielen Ausnahmen

Für die meisten Lebensmittel gibt es keine Rechts-vorschriften zur Kennzeichnung von Herkunft und Ursprung (siehe Seite 235). Lebensmittelgruppen mit einer Vorschrift hierzu kann man fast an einer Hand abzählen. Zu den Regelungen gibt es außerdem viele Ausnahmen und Besonderheiten.

Eierkennzeichnung

Der Stempel auf dem Ei, der sogenannte Erzeugercode, ist eine Pflichtkennzeichnung. Es gibt nur wenige Anbieter, die Eier ungestempelt verkaufen dürfen – beispielsweise Direktvermarkter, die unsortierte Eier vom eigenen Hof anbieten. Im Stempelcode auf dem Ei sind neben den Angaben zur Haltungsform der Legehennen auch Informationen zum Ursprungsland und dem Erzeugerbetrieb verschlüsselt:

Stand: 04/2013

Die erste Ziffer steht für das Haltungssystem:

- 0 = Ökologische Erzeugung
- 1 = Freilandhaltung
- 2 = Bodenhaltung
- 3 = Käfighaltung (ausgestaltete Käfige oder Kleingruppenhaltung)

Dann folgt der Ländercode mit der Abkürzung für die EU-Mitgliedsstaaten, aus denen die Eier stammen, zum Beispiel:

- DE = Deutschland
- AT = Österreich
- NL = Niederlande

Dem Länderkürzel schließt sich die Betriebsnummer an. In Deutschland stehen dabei die ersten beiden Ziffern für das Bundesland (etwa 01 für Schleswig-Holstein, 03 für Niedersachsen, 05 für Nordrhein-Westfalen). Die darauf folgenden Ziffern identifizieren den dortigen einzelnen Erzeugerbetrieb. Sofern die Eierproduzenten Mitglied im „Verein für kontrollierte alternative Tierhaltungsformen e. V." (KAT) sind, finden Sie Namen und Ort des Legebetriebs unter www.was-steht-auf-dem-ei.de.

Anderenfalls erfahren Sie den Legebetrieb nicht. Anbieter auf Wochenmärkten und Bioerzeuger sind für Käufer beispielsweise nicht zu ermitteln.

Eine frei zugängliche zentrale Datenbank gibt es aber nicht. Der Gesetzgeber begründet dies damit, dass die Betriebsnummer eine Information für die zuständigen Kontrollbehörden ist (vergleichbar mit den Kfz-Kennzeichen). Eine Veröffentlichung der Betriebsnummer in Verbindung mit Name und Anschrift des entsprechenden Betriebes von Seiten der Behörden sieht das Marktordnungsrecht aus Datenschutzgründen nicht vor. Verbraucher, die sich über die Erzeugerbetriebe informieren wollen, müssen direkt mit dem auf der Verpackung genannten Unternehmen bzw. der genannten Organisation Kontakt aufnehmen. Trotzdem zählen Eier zu den wenigen Lebensmitteln mit gut nachvollziehbarer Herkunft.

Doch auch die ausführliche Herkunftskennzeichnung bei Eiern hat schnell ein Ende, sobald ein Ei verarbeitet ist, zum Beispiel als Osterei gefärbt wird oder als Zutat in Backwaren oder Nudeln verschwindet. Dann sind weder Haltungsform noch Herkunft für den Käufer nachvollziehbar. Denn die Kennzeichnungsvorschrift bezieht sich nur auf unverarbeitet verkaufte Eier.

Darauf sollten Sie achten

Nur der Stempel auf dem Ei klärt die Herkunft! Um das Ursprungsland zu erfahren, müssen Sie den Eierkarton öffnen. Ein Blick auf die Verpackung genügt nicht, denn die dort angegebene Packstellennummer sagt nichts über den Ursprung der Eier aus, sondern nur über den Ort, an dem sie abgepackt wurden. So können Eierkartons, auf denen ein Buchstaben- und Zifferncode mit „DE" zu finden ist, beispielsweise auch Eier aus den Niederlanden enthalten.

Das kann leicht zu Verwechslungen führen, zumal Käufer sich daran gewöhnt haben, alle wichtigen Informationen **auf** der Verpackung zu finden (siehe Abbildung unten links). Deshalb fordern die Verbraucherzentralen, dass das Ursprungsland nicht nur auf dem Ei, sondern auch auf der Verpackung stehen muss.

Stand: 04/2013

Fleisch

Die BSE-Krise hat dazu geführt, dass es für Rindfleisch
seit dem Jahr 2000 ein EU-weit einheitliches Kenn-
zeichnungssystem gibt. Es gilt für lose verkauftes und
verpacktes frisches und tiefgekühltes Rind- und Kalbfleisch sowie unverarbeitetes Rinderhackfleisch, das in
der EU vermarktet wird. Verbraucher erfahren dadurch,
wo das Rind, von dem das Fleisch stammt, geboren,
gemästet und geschlachtet wurde.

Die Kennzeichnung setzt sich aus folgenden Informationen zusammen:

■ Referenznummer oder -code (Kennnummer des
   Tieres oder einer Gruppe von Tieren)
■ „Geboren in: ...“
■ „Gemästet in: ...“ oder „Aufgezogen in: ...“
■ „Geschlachtet in: ...“, Zulassungsnummer des
   Schlachthofs
■ „Zerlegt in: ...“, Zulassungsnummer des Zerlegungs-
   betriebes bzw. der Zerlegungsbetriebe

Dieses
Bio-Rindfleisch
Tier geboren in: Deutschland
Lieferte uns Fa.Issing
zuletzt gemästet in: Deutschland von Landwiri
Landw. Produktion GmbH07422 Rottenbac
116   Geschlachtet in Deutschland ES 1603
96697

Beispiel für ein
Rindfleisch-Etikett;
Stand: 05/2013

Erfolgten Geburt, Mast und Schlachtung in ein und
demselben Land, kann vereinfacht „Herkunft: ...“
angegeben werden. Bei verpacktem Fleisch stehen
die Angaben auf dem Etikett, bei lose angebotenem
Fleisch in der Verkaufstheke auf Schildern.

Stand: 04/2015

Schinkenschnitzel
vom Schwein

100% Schweinefleisch
Unter Schutzatmosphäre verpackt.
VOR DEM VERZEHR GUT DURCHGAREN.
NICHT ZUM ROHVERZEHR GEEIGNET.
Die Haltbarkeit des Produktes ist bis zum angegebenen Mindesthaltbarkeitsdatum
durch die Einhaltung der angegebenen Temperatur gesichert. Durch eine
Unterbrechung der Kühlkette bei über +4 °C. empfehlen wir Ihnen den Verzehr am
Tag des Einkaufes. Nach Öffnen der Packung Ware noch am selben Tag verwenden.

Aufgezogen in: Deutschland
Geschlachtet in: Deutschland

Seit April 2015 gilt eine verpflichtende Herkunftskennzeichnung auch für verpacktes frisches, gekühltes
und gefrorenes Schweine-, Geflügel-, Schafs- und Zie-
genfleisch. Es muss EU-weit mit dem Aufzuchts- und
Schlachtungsland gekennzeichnet werden. Wo das Tier
geboren wurde, ist auf dem Etikett jedoch nach wie vor
nicht zu erkennen. Für Hackfleisch gelten vereinfachte
Regelungen. Hier reicht beispielsweise schon die Angabe „aufgezogen und geschlachtet in der EU". Aus
Sicht der Verbraucherzentralen ist diese zweistufige
Kennzeichnung noch nicht optimal. Verbraucherbefragungen zeigen, dass auch das Geburtsland für Verbraucher bei der Kaufentscheidung relevant ist.

Die Etikettierungspflicht gilt zudem – ebenso wie bei
den Eiern – nur für unverarbeitetes Fleisch. Sobald
Fleisch nur minimal verarbeitet ist, reicht dies, um die
Etikettierung zu umschiffen. Das ist schon der Fall,
wenn es zum Beispiel als mariniertes Steak oder gesalzen als „küchenfertig" zubereitet angeboten wird oder
wenn es in Fleisch- und Wurstwaren verarbeitet ist.

Gut zu wissen

Oft muss erst ein Lebensmittelskandal (etwa BSE) die Gesetzgeber aufrütteln, damit fehlende oder zu lasche Kennzeichnungsvorschriften überdacht und verschärft werden. So hat auch der Betrugsskandal um falsch deklariertes Pferdefleisch, der Anfang 2013 Europa erschütterte, die Mängel in der Ursprungskennzeichnung von Fleisch massiv ins Licht der Öffentlichkeit gerückt. In vielen Fertiggerichten wie Lasagne Bolognese, Gulaschkonserven & Co. war Rindfleisch illegal durch Pferdefleisch ersetzt worden. Das stammte vermutlich aus Rumänien und Polen und war auf verworrenen Handelswegen in weiten Teilen Europas verschoben und verarbeitet worden.

Die Herkunftsangabe der Fleischzutaten hätte den Skandal zwar vermutlich nicht verhindert. Es wäre aber möglicherweise leichter gewesen, herauszufinden, woher das Fleisch letztlich stammte. Alles in allem ein riesiger Betrug an den Verbrauchern!

Als Konsequenz aus diesem Skandal kündigte die Bundesregierung unter anderem die Beschleunigung einer Herkunftskennzeichnung für verarbeitete Lebensmittel mit Fleisch als Zutat an. Diese Möglichkeit ist EU-weit in der Lebensmittelinformationsverordnung bereits vorgesehen. Eine Folgenabschätzung der EU-Kommission, die sich auf Datenmaterial der Wirtschaft stützt, kam jedoch zum Ergebnis, dass die Zusatzkosten für eine verpflichtende Herkunftskennzeichnung zu hoch wären – zwischen 25 und 50 Prozent. Verbraucher wären laut dieser Einschätzung nicht bereit, daraus resultierende Preissteigerungen in entsprechender Höhe in Kauf zu nehmen. Es gilt daher als unwahrscheinlich, dass eine verbesserte Kennzeichnung auf fleischhaltigen verarbeiteten Lebensmitteln eingeführt wird. Dann bis zum nächsten Fleischskandal ...!

**Beispiel für ein
Fisch-Etikett;
Stand: 04/2013**

Fisch

Auch für Fisch gibt es Vorschriften zur Ursprungskennzeichnung. Bei unverarbeitetem frischem oder tiefge-
kühltem, bei gesalzenem oder geräuchertem Fisch und
für Krebs- und Weichtiere muss das Fanggebiet oder
das Ursprungsland angegeben werden. Für Seefisch
gibt es definierte Fanggebiete wie Nordwestatlantik,
Nordostatlantik, Ostsee und Südwestatlantik. Bei
Fischen aus Binnenfischerei (See oder Fluss) sowie
bei der Zucht in Aquakultur muss das Ursprungsland
genannt werden.

Eine korrekte Kennzeichnung lautet beispielsweise:
„Kabeljau, gefangen im Nordostatlantik" oder „Forelle
aus Aquakultur in Deutschland".

Zubereiteter Fisch, Fisch aus der Dose und andere Fi-
scherzeugnisse enthalten diese Angaben allenfalls als
freiwillige Angabe.

Obst und Gemüse

Für die meisten frischen, unverarbeiteten Obst- und
Gemüsearten ist das Ursprungsland eine Pflichtkennzeichnung. Sie müssen im Handel eindeutig gekennzeichnet werden – die Angabe mehrerer Ursprungsländer an der Ware, die nicht zuzuordnen sind, ist

unzulässig. Dennoch sind solche Kennzeichnungsver-
stöße immer wieder an den Obst- und Gemüseständen
zu finden.

Auch diese Pflichtkennzeichnung hat Ausnahmen und
Lücken. Ausgenommen von der Kennzeichnungspflicht
sind beispielsweise Speisekartoffeln, frische Bananen,
Oliven, Zuckermais, Kokosnüsse, Paranüsse oder Dat-
teln. Und auch hier klafft die Kennzeichnungslücke für
verarbeitete Erzeugnisse: Sobald zum Beispiel frischer
Spargel geschält, Ananas mundgerecht geschnitten
oder Spinat tiefgekühlt angeboten wird, bleibt das Ursprungsland im Dunkeln.

Biolebensmittel und Honig

Rechtlich zwar vorgeschrieben, aber kaum aussagekräftig geregelt ist die Ursprungskennzeichnung auf
Biolebensmitteln aus verschiedenen Ländern. Denn
bei der verpflichtenden Angabe zu den Ursprungslän-
dern dieser Lebensmittel werden nur folgende Katego-
rien unterschieden:

- EU-Landwirtschaft: wenn die landwirtschaftlichen
  Ausgangsstoffe in der EU erzeugt wurden;
- Nicht-EU-Landwirtschaft: wenn die landwirtschaftlichen Ausgangsstoffe in Drittländern erzeugt wurden;
- EU-/Nicht-EU-Landwirtschaft: wenn die landwirtschaftlichen Ausgangsstoffe zum Teil in der Gemeinschaft und zum Teil in Drittländern erzeugt wurden.

Sind bei Ökolebensmitteln alle Zutaten landwirtschaftlichen Ursprungs in demselben Land erzeugt worden,
so kann die genannte Angabe „EU" oder „Nicht-EU"
durch die Angabe dieses Landes ersetzt oder um diese
ergänzt werden.

Bei der Angabe sind grundsätzlich alle Zutaten zu berücksichtigen – ausgenommen sind nur Bestandteile,
die in sehr geringer Menge vorhanden sind. Daher
wundert es nicht, dass die Angabe „EU-/Nicht-EU-
Landwirtschaft" bei verarbeiteten Biolebensmitteln gar
keine Seltenheit ist. Verbraucher ärgern sich zu Recht
über diese inhaltsleere Aussage, die faktisch nichts
weiter bedeutet, als dass das Produkt „von irgendwo-
her stammt". Deutlich transparenter wäre eine Kennzeichnung der Ursprungsländer für alle Hauptzutaten
des Lebensmittels.

Für Honig gelten vergleichbare Regelungen: Hersteller
können das Ursprungsland oder die Ursprungsländer
angeben. Alternativ ist folgende Kennzeichnung möglich: „Mischung von Honig aus EG-Ländern", „Mischung
von Honig aus Nicht-EG-Ländern" oder „Mischung von
Honig aus EG-Ländern und Nicht-EG-Ländern".

Stand: 05/2015

Genauso wenig wie bei Biolebensmitteln ist bei Honig
einzusehen, dass die Ursprungsländer nicht einzeln
aufgeführt werden müssen.

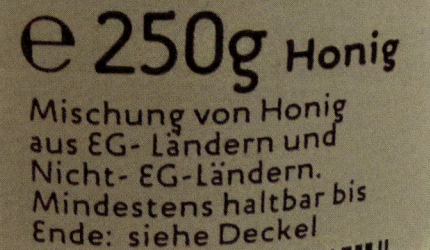

> **! Achtung**
>
> Nicht jeder Verbraucher lässt sich für eine „Mischung von Honig aus EG-Ländern und Nicht-EG-Ländern" begeistern. Das ist wohl auch den Honiganbietern bekannt. Denn gerne kleben einige besonders dreiste Verkäufer ihren Firmennamen mit Adresse auf die Front des Honigglases. Zusätzliche Werbeangaben wie „Imkerhonig" in unmittelbarer Nähe der Adresse machen das Täuschungsmanöver perfekt. Denn leicht können Käufer dadurch die angegebene Firma für den Imkereibetrieb halten und den Honig als „regionales Produkt" kaufen. Angeschmiert! Der angegebene Betrieb mischt und füllt den Honig lediglich ab.

Natives Olivenöl

Natives Öl, früher auch als „kaltgepresst" bezeichnet, wird schonend durch mechanisches Auspressen ohne Wärmezufuhr gewonnen. Die Ausbeute ist niedriger als bei heißgepresstem Öl, es ist hochwertiger – aber auch teurer. Natives Olivenöl besitzt einen typischen und ausgeprägten Eigengeschmack.

Seit 2009 wird es in „nativ" und „nativ extra" unterschieden. Beide Qualitätsstufen müssen einen Hinweis auf den Ursprung tragen.

Stammt das Olivenöl aus einem Land (Ernte und Herstellung), so wird dieses angegeben. Sind Ernteland und Herstellungsland unterschiedlich, dann müssen beide angegeben werden, beispielsweise „Natives Olivenöl (extra), hergestellt in Italien, aus Oliven geerntet in Spanien".

Der natürliche Saft sonnengereifter Oliven. Nur die besten Oliven der Sorte Koroneiki finden Verwendung für dieses hochqualitative Olivenöl. CRETAN PRINCE eignet sich hervorragend zum Braten, Backen sowie für kalte Gerichte und Salate.

Beispiel für ein Olivenöletikett; Stand: 05/2013

Bei Olivenöl-Mischungen aus mehreren Ländern sind leider, ebenso wie bei Honig und Biolebensmitteln, Pauschalangaben vorgesehen:

Unterschieden wird in „Mischung von Olivenölen aus der Gemeinschaft", „Mischung von Olivenölen aus Drittländern" oder „Mischung von Olivenölen aus Drittländern und der Gemeinschaft".

Täuschung verboten – aber nur halbherzig

Täuschung ist bei der Kennzeichnung und Aufmachung grundsätzlich verboten. Dennoch hat der Gesetzgeber das Täuschungsverbot hinsichtlich der Lebensmittelherkunft genauer ausgeführt: So muss die Angabe des Herkunftsortes oder des Ursprunglands seit Dezember 2014 auf einem Lebensmittel angegeben werden, „falls ohne diese Angabe eine Irreführung der Verbraucher über das tatsächliche Ursprungsland oder den tatsächlichen Herkunftsort des Lebensmittels möglich wäre". Wenn also die Kennzeichnung oder die Aufmachung insgesamt den Eindruck einer bestimmten Herkunft vermittelt, ohne dass das tatsächlich der Fall ist, gehört ein Hinweis auf die Verpackung.

Eine repräsentative Studie im Rahmen des Projektes Lebensmittelklarheit zeigt, dass beispielsweise bei einem Pesto schon eine italienische Länderflagge genügt, um den Eindruck eines italienischen Produktes zu vermitteln: Ohne italienische Flagge gehen etwa drei Prozent der Befragten davon aus, dass das Pesto aus Italien stammt. Trägt das Produkt die italienische

Flagge in landestypischen Farben, so steigt der Anteil
auf rund 65 Prozent (siehe Abbildung). Kommt das Pesto nicht aus Italien, so sollte optionalerweise die verpflichtende Herkunftskennzeichnung an gut sichtbarer
Stelle auf dem Etikett stehen. Aber vermutlich wird
der Hinweis „hergestellt in…" auf der Rückseite im
Kleingedruckten untergehen. Die *Original italienischen
Spaghetti Quattro Formaggi* sind ein Beispiel dafür:
Die Schauseite lässt ein italienisches Produkt vermuten; die Pflichtkennzeichnung zur deutschen Herkunft
verbirgt sich unauffällig kleingedruckt auf der Seiten-
fläche. Ein Durchbruch in puncto Verbraucherschutz ist
das noch nicht. Wenn es dem Gesetzgeber wichtig ist,
warum wird eine Kennzeichnung und Aufmachung, die
einen falschen Eindruck über die Herkunft vermittelt,
nicht einfach verboten? Oder warum muss der Hinweis
über die tatsächliche Herkunft nicht wenigstens an
der Stelle des Etiketts erfolgen, wo Werbung auf das
falsche Ursprungsland schließen lässt?

Hergestellt in
Deutschland.

Bempflinger
Lebensmittel GmbH,
Stuttgarter Str. 3,
D-72655 Altdorf

Stand: 05/2015

EU-Ursprungsbezeichnungen, geografische Angaben und „garantiert traditionelle Spezialitäten"

Bisher ging es um Kennzeichnungen, an die sich alle Anbieter von bestimmten Lebensmittelgruppen halten müssen. Es gibt aber noch weitere Ursprungskennzeichnungen, die besondere Spezialitäten aus bestimmten Regionen auszeichnen. Beispiele sind hier der französische Käse „Morbier", das „Filderkraut" (Spitzkohlsorte) und „Serrano-Schinken" oder besondere traditionelle Spezialitäten wie die polnischen Cabanossi-Würste. Für solche Spezialitäten gibt es drei verschiedene EU-weit gültige Zeichen mit unterschiedlichen Anforderungen. Aus Herstellersicht kann der Schutz der Produktbezeichnung enorme wirtschaftliche Vorteile haben: Wird ein Lebensmittel im Verzeichnis der Europäischen Kommission registriert, so darf fortan kein Hersteller ein Produkt mit dieser Bezeichnung in den Handel bringen, wenn er die festgelegten Vorgaben nicht einhält. Das schaltet mögliche Konkurrenten aus und stärkt ländliche Regionen.

„geschützte Ursprungsbezeichnung" (g.U.)

Die höchsten Anforderungen gelten für das Siegel „geschützte Ursprungsbezeichnung". Der Anspruch ist eindeutig: Der Rohstoff stammt aus dem angegebenen Gebiet und sämtliche Produktionsschritte erfolgen ebenfalls dort. Dabei muss sogar ein Zusammenhang zwischen dem Gebiet und den Eigenschaften des Produktes nachweisbar sein. Das Erzeugnis weist also Merkmale auf, die auf das spezielle geografische Gebiet, zum Beispiel das Klima und die Vegetation, zurückzuführen sind oder mit den besonderen Fertigkeiten der Erzeuger in der Herstellungsregion zusammenhängen.

Insofern wäre es theoretisch gar nicht möglich, die Produktqualität und die besonderen Eigenschaften in einer beliebigen anderen Region zu erzielen.

Diese Auszeichnung muss für jedes einzelne Erzeugnis auf EU-Ebene beantragt werden. Im Antrag wird genau beschrieben, aus welchen Rohstoffen das Produkt besteht, wo und wie es hergestellt wird und welche Besonderheiten es aufweist.

Bei deutschen Produkten ist die „geschützte Ursprungsbezeichnung" bisher wenig verbreitet. Einige Mineralwässer tragen das Siegel, außerdem Allgäuer Emmentaler, Allgäuer Bergkäse, Altenburger Ziegenkäse, Odenwälder Frühstückskäse, Fleisch der Lüneburger Heidschnucke und einige andere Produkte.

Typische europäische Spezialitäten mit g. U.-Kennzeichnung sind beispielsweise der französische Käse „Roquefort", der italienische Wein „Chianti Classico" und der ebenfalls italienische Parma-Schinken.

Die Auszeichnung „geschützte Ursprungsbezeichnung" könnte ein klares Signal für europäische regionale Spezialitäten sein, gäbe es nicht noch zwei andere, leicht verwechselbare und zudem uneindeutige Zeichen ...

„geschützte geographische Angabe" (g. g. A.)

Das Zeichen **„geschützte geografische Angabe"** ist kaum von dem Label „geschützte Ursprungsbezeichnung" zu unterscheiden, wenn man nicht beide Siegel direkt nebeneinander sieht. Im Kontakt mit Verbrauchern zeigt sich häufig, dass selbst Interessierte, die sich mit Angaben auf Lebensmitteln gut auskennen, nicht einmal bemerkt haben, dass es zwei Varianten gibt.

Die Voraussetzungen für die Verleihung dieser ähnlichen Siegel unterscheiden sich aber erheblich: Bei der Kennzeichnung „geschützte geographische Angabe" muss nur **mindestens eine der Produktionsstufen** – Erzeugung, Verarbeitung **oder** Herstellung – im genannten Gebiet stattfinden.

Paradebeispiel hierfür ist der „Schwarzwälder Schinken". Geräuchert wird der Schinken zwar im Schwarzwald, die Schweine müssen aber noch nicht einmal aus Deutschland kommen.

Weitere Beispiele für Produkte aus Deutschland mit diesem Geoschutz sind Hessischer Apfelwein, Halberstädter Würstchen, Hessischer Handkäs', Nieheimer Käse, Schwäbische Maultaschen, Thüringer Rostbratwurst und verschiedene Biere. Wie bei Schwarzwälder Schinken stammen die Rohstoffe für die Lebensmittel meist aus anderen Regionen oder auch Ländern, ohne dass Sie auf dem Produkt einen Hinweis darauf finden müssen.

Kein Ursprungszeichen: „Garantiert traditionelle Spezialität" (g. t. S.)

Mit zwei täuschend ähnlichen Ursprungszeichen ist die Verwirrung aber noch nicht komplett. Die Europäische Union mutet ihren Verbrauchern noch ein drittes Zeichen zu: Dieses trifft überhaupt keine Aussage über den Ursprung des Produktes, unterscheidet sich aber dennoch optisch kaum von den anderen beiden.

Das Siegel „garantiert traditionelle Spezialität" steht für die traditionelle Zusammensetzung des Produkts oder ein traditionelles Herstellungs- und/oder Verarbeitungsverfahren. Woher die Rohstoffe kommen und wo es tatsächlich hergestellt wurde, spielt keine Rolle.

Ein typisches Beispiel ist der Serrano-Schinken. Die Anforderungen für das Gütezeichen betreffen nur noch die Qualität des Schweineschinkens als Ausgangsprodukt und beschreiben die Herstellung und das Endprodukt. Werden diese Vorgaben eingehalten, kann der traditionelle spanische Schinken auch in Deutschland produziert werden.

Weitere Produkte dieser Kategorie sind beispielsweise Mozzarella und der holländische Bauernkäse („Boerenkaas"). Deutsche traditionelle Spezialitäten mit diesem Zeichen gibt es bisher nicht.

Hintergrund für die verwirrende Kennzeichnung (siehe Kasten) sind wirtschaftliche Interessen. Das vorrangige Ziel der EU-Qualitätszeichen ist nicht die Verbraucherinformation, sondern sind wirtschaftliche Interessen wie die Absatzförderung. Aber auch die bleibt auf der Strecke, denn Zeichen, die weitgehend unbekannt sind und nicht verstanden werden, können kaum absatzfördernd wirken.

So ist aus Verbrauchersicht überhaupt nicht einzusehen, warum Konsumenten die minimalen Unterschiede der Zeichen lernen sollen, anstatt eine klare, selbsterklärende Kennzeichnung auf den Produkten vorzufinden.

Der Gesetzgeber könnte Transparenz schaffen, indem

- ... die Zeichen eindeutig voneinander zu unterscheiden wären und
- ... in unmittelbarer Nähe der Zeichen darauf hingewiesen würde, welche Beziehung zur Region besteht. Bei der geschützten Ursprungsbezeichnung hieße es dann beispielsweise „Milcherzeugung und Käseproduktion im Allgäu".

! Achtung

Können Sie diese beiden Zeichen nicht voneinander unterscheiden? Das wundert nicht! Selbst in Farbe und in deutscher Sprache beschriftet, kritisieren die Verbraucherzentralen die Verwechslungsgefahr. Und in Schwarz-Weiß mit fremdsprachlicher Bezeichnung können vermutlich die wenigsten Verbraucher mit diesen Zeichen etwas anfangen. Dieses Verwirrspiel ist aber ausdrücklich erlaubt: sowohl die Schwarz-Weiß-Darstellung als auch die Bezeichnung in einer anderen „Amtssprache der Europäischen Union".

⦂ Gut zu wissen

Alle EU-weit geschützten Produktbezeichnungen finden sich in der DOOR-Datenbank, die online für jeden zugänglich ist (http://ec.europa.eu/ agriculture/quality/door/list.html). Wenn Sie sich für ein spezielles Lebensmittel interessieren, finden Sie dort alle Voraussetzungen, die dieses Produkt erfüllen muss. Leider ist das Recherchieren mühselig: Sie müssen die Bezeichnung des Produktes in der Landessprache wissen. Parma-Schinken finden Sie zum Beispiel, wenn sie „Parma" eingeben. „Schinken" und „Parma-Schinken" bringen keinen Treffer, weil das Produkt „Prosciutto di Parma" heißt. Daher finden Sie auch nicht so leicht heraus, welche anderen Schinken einen Geoschutz haben. Dennoch ist es lohnend, sich in die Recherchedetails zu vertiefen. Unter *Official Journal Publications* finden Sie in der Datenbank die gewünschten Informationen.

Aus der Region für die Region

Bisher ging es um Spezialitäten aus bestimmten geografischen Gebieten. Es gibt aber noch eine andere Gruppe von Lebensmitteln, die mit Ursprung und Herkunft werben. Das sind Produkte „aus der Heimat" oder „aus der Region". Kurze Transportwege, Umwelt- und Klimaschutz sowie Unterstützung der heimischen Landwirtschaft und Wirtschaft sind wichtige Argumente der Regionalvermarkter – und sicher sind das auch für Sie Gründe, wenn Sie zu regionalen Lebensmitteln greifen. Vielleicht erwarten Sie auch eine besondere Qualität der Produkte, wie zum Beispiel mehr Frische, eine artgerechte Tierhaltung oder den Verzicht auf den Einsatz von Gentechnik? Nicht zu unterschätzen ist vermutlich auch der emotionale Bezug zur Heimat: Obst, Gemüse, Milch und Fleisch vom „Bauern um die Ecke" sind vielen Käufern lieber als „anonyme" Produkte aus dem Supermarkt. Auch das Vertrauen, dass alles „mit rechten Dingen zugeht", ist gerade in Zeiten von Lebensmittelskandalen dann erfahrungsgemäß größer. Für die erwarteten oder beworbenen Vorzüge sind Verbraucher häufig auch bereit, höhere Preise zu zahlen.

Regionalmogelei

Regionalität ist wie viele der sogenannten Vertrauenseigenschaften (siehe Seite 43) für Verbraucher nicht am Produkt nachprüfbar. Und schlimmer noch: Es gibt bislang keinerlei rechtliche Regelung dafür, was sich „regional" nennen und mit der „Heimat" werben darf. So definieren Anbieter munter selbst, wie groß die „Region" ist, ob und welche Rohstoffe aus dem Gebiet stammen und ob die Herstellung dort erfolgt oder auch nur der Verkauf. Wir übertreiben nicht!

Im „Regionalmarkt" finden Sie viel „Überregionales",
zum Beispiel das *Thüringer Land Buttermilch Dessert*:
Am Identitätskennzeichen (siehe Seite 190, 236) stellte ein Verbraucher fest, dass das Produkt zuletzt in Bayern verarbeitet wurde, und meldete es bei lebensmit-
telklarheit.de. Der Hersteller gibt an, den Hauptanteil
der „Thüringer Land"-Artikel im thüringischen Ober-
maßfeld aus Milch von Thüringer Erzeugern herzustellen. „Zur Sortimentsabrundung" würden verschiedene
Milchprodukte aber auch in Franken produziert. Der
inzwischen geforderte Herkunftshinweis versteckt sich
im Kleingedruckten.

Stand: 05/2015

! Achtung

Mit einer ganzen Produktpalette zielte die Marke „Unser Norden" skrupellos auf die Gutgläubigkeit der Kunden. Online finden sich dazu Werbetexte wie: „Immer mehr Menschen bevorzugen Produkte aus ihrer Region – aus guten Gründen. Denn kurze, schnelle Transportwege schonen die Umwelt und die Ware bleibt frischer. Und das ist entscheidend für den Genuss." Cashewkerne und Kaffeebohnen aus dem Norden? Dass viel mehr „Norden" in Fleischsalat, Schoko-Cookies und Kartoffelpüree steckt, ist dann auch stark zu bezweifeln.

In einer Stellungnahme zu Pfefferminztalern mit Zartbitterschokolade behauptete die Firma Coop, die gesamte Wertschöpfungskette läge im Norden. Angesichts der Produktpalette kann hier etwas nicht stimmen.

Stand: 03/2013

Freiwillige Kennzeichnung „Regionalfenster"

„Wo regional drauf steht, muss auch regional drin sein", das forderte denn auch die ehemalige Bundesverbraucherministerin Aigner 2012 angesichts des Dschungels von Regionalzeichen der Anbieter.

❖Regional❖

✓ Schwein und Rind komplett aus Hessen

✓ geschlachtet, zerlegt in 36251 Bad Hersfeld

✓ Anteil regionaler Rohstoffe am Gesamtprodukt = 92%

Neutral geprüft durch: Muster GmbH
www.regionalfenster.de

Regionalfenster auf einer Schinkenwurst
Stand: 1/2014

Als deutsche Lösung und Orientierung für Verbraucher wurde daher im Auftrag der Bundesregierung das „Regionalfenster" entwickelt. Das freiwillige Informationsfeld auf Regionalprodukten gibt sowohl Auskunft über die Herkunft der eingesetzten landwirtschaftlichen Zutaten als auch über den Verarbeitungsort der Produkte. Anfang 2013 erprobte der eigens gegründete Trägerverein „Regionalfenster e. V." das Kennzeichnungsfeld in fünf Testregionen im Bundesgebiet in Supermärkten. Seit Anfang 2014 wurden Produkte mit dem Regionalfenster bundesweit eingeführt.

Kennzeichnungskriterien

- Wer die freiwillige Kennzeichnung „Regionalfenster" verwendet, muss garantieren, dass die erste Hauptzutat zu 100 Prozent aus der klar definierten Region kommt. Auch die wertgebenden Bestandteile müssen zu 100 Prozent aus der bezeichneten Region stammen, zum Beispiel die Kirschen in einem Kirschjoghurt.
- Handelt es sich um ein zusammengesetztes Produkt und die Hauptzutat umfasst weniger als die Hälfte des Gesamtproduktgewichtes, so müssen auch die weiteren Zutaten zu 100 Prozent aus der genannten

Region stammen, bis mindestens 51 Prozent des
Gesamtgewichtes erreicht sind.

- Die Kennzeichnung des Ursprungs der Rohstoffe
muss eindeutig und nachprüfbar erfolgen, beispielsweise muss der Landkreis, das Bundesland oder der
Radius in Kilometern angegeben werden. Die Region
muss kleiner als Deutschland sein, sie kann aber
Staats- oder Ländergrenzen überschreiten (etwa Getreide aus der Eifel oder 100 Kilometer um Freiburg).
- Der Ort der Verarbeitung muss genannt werden. Die
Herkunft der landwirtschaftlichen Vorstufen oder
Betriebsmittel, wie Futtermittel oder Saatgut, kann
angegeben werden.
- Bei zusammengesetzten Produkten wird der Produk-
tanteil aller regionalen Zutaten mit einer Prozentzahl
angegeben.
- Die Angaben werden einmal jährlich in Form einer
neutralen Prozesskontrolle überprüft. Der Trägerverein „Regionalfenster" vergibt die Überprüfung
an neutrale Kontrollstellen. Das beauftragte Zertifi-
zierungsunternehmen, welches den Lizenznehmer
überprüft hat, wird im Regionalfenster benannt.

Die Verbraucherzentralen bemängeln bei den Regio-
nalkriterien, dass bei den zusammengesetzten Lebensmitteln nur mindestens 51 Prozent des Gesamtgewichtes aus der Region stammen müssen. Ein Lebensmittel, das als „regional" beworben wird, sollte
komplett oder fast vollständig aus der Region stammen.

Verbesserungsbedürftig bleiben auch die Regelungen
für Fleisch und Fleischprodukte: Die Tiere müssen nicht
ab der Geburt in der definierten Region gelebt haben.
Es genügt schon, dass sie vor der Schlachtung einen
Teil der Mastzeit dort verbracht haben. Auch müssen
sie – anders als Verbraucher erwarten könnten – keine
regionalen Futtermittel erhalten.

Das fordern die Verbraucherzentralen

Aus Sicht der Verbraucherzentralen ist das Regionalfenster zwar ein erster Schritt in die richtige Richtung,
es ersetzt aber keinen verbindlichen Rechtsrahmen
für die Regionalwerbung. Lebensmittel, die in Zukunft
das Regionalfenster tragen, können Verbrauchern
die Suche nach Regionalprodukten erleichtern. Ein
großes Manko ist jedoch die freiwillige Teilnahme
an der Zertifizierung. So wird es auch weiterhin viele
andere Produkte geben, die sich mit Regionallabeln
und Siegeln schmücken. Besonders Produkte, die die
Anforderungen an das Regionalfenster nicht erfüllen, werden Verbrauchern weiterhin Heimatbezug
vorgaukeln.

Ferner fordern die Verbraucherzentralen, dass
zusammengesetzte Lebensmittel zu mindestens 95
Prozent des Produktgewichtes aus regionaler Herkunft stammen sollten, wenn sie als Regionalprodukt
beworben werden. Wer mit Begriffen wie „Region"
oder „Heimat" werben will, sollte an gesetzliche
Kennzeichnungsvorschriften gebunden sein. Nur so
können der Wildwuchs an Regionalzeichen und das
damit einhergehende hohe Irreführungspotenzial
gestoppt werden.

Herkunft Fehlanzeige

Wo eine klare Herkunftskennzeichnung fehlt, versu-
chen viele Verbraucher, anhand von verschiedenen
Kennzeichnungen auf den Herkunftsort oder das Ursprungsland zu schließen. Das ist wenig erfolgreich
und ergibt nicht selten ein falsches Bild.

Firmenanschrift auf der Verpackung

Laut der EU-Lebensmittelinformationsverordnung muss auf verpackten Lebensmitteln nicht zwangsläufig die Herstellerfirma angegeben sein, sondern der Lebensmittelunternehmer, unter dessen (Firmen-)Name das Lebensmittel vermarktet wird. Das kann auch der Verpacker oder der Verkäufer sein. Es ist somit zulässig, dass zum Beispiel lediglich „hergestellt für Lidl" auf der Verpackung steht. Über den eigentlichen Hersteller erfährt der Käufer dann nichts.

Die auf Lebensmitteln angegebenen Firmenadressen sagen deshalb auch nichts über den Ursprung der Zutaten des Lebensmittels aus.

Identitätskennzeichen

Das Identitätskennzeichen ist auf den meisten tierischen Lebensmitteln zu finden. Es handelt sich dabei nicht um eine Verbraucherinformation, sondern dient der Rückverfolgbarkeit des Produktes, zum Beispiel für die Lebensmittelüberwachung.

Das Kennzeichen besteht aus einem Länderkürzel, zum Beispiel „DE" für Deutschland, einer Betriebsnummer, die sich aus einer Abkürzung des Bundeslandes, zum Beispiel „BY" für Bayern, und einer Zahlenkombination zusammensetzt. Darunter steht die Angabe „EG", weil es sich um einen Betrieb der Europäischen Gemeinschaft handelt.

Im Zeichen ist allerdings lediglich der Betrieb angegeben, der das Produkt zuletzt bearbeitet oder verpackt hat. So ist zum Beispiel auf einer verpackten Salami in Scheiben nur das Kürzel des Bundeslandes zu erkennen, in dem die Firma ihren Sitz hat, die die Salami geschnitten und verpackt hat. Es sagt nichts über das Ursprungsland, Bundesland oder den Ort aus, aus dem das Fleisch stammt.

Wenn Sie dennoch den Code des Identitätskennzeichens entziffern wollen, hilft die Website des Bundesamts für Verbraucherschutz und Lebensmittelsicherheit weiter (www.bvl.bund.de). Sie erklärt die Länderkürzel und Abkürzungen der Bundesländer und stellt eine Datenbank der Betriebsnummern zur Verfügung: www.bvl.bund.de/bltu.

Strichcode

Der maschinenlesbare Strichcode (auch Barcode genannt) mit dazugehöriger Zahlenkombination steht für eine Artikelnummer, die von Scannerkassen erkannt werden kann. Der Code enthält keine Informationen für Verbraucher.

Die ersten Ziffern sind zwar eine Länderkennzahl, eine Herkunftsangabe verbirgt sich jedoch nicht dahinter, denn eine Firma, die den Code beantragt, kann das Lebensmittel auch importiert oder in einem anderen Land produziert haben.

Zukunftsmusik

Durch die EU-Lebensmittelinformationsverordnung sind noch weitere Pflichtkennzeichnungen der Herkunft angedacht für

- Milch, Milch als Zutat,
- unverarbeitete Lebensmittel,

- Erzeugnisse aus einer Zutat und
- Zutaten, die über 50 Prozent eines Lebensmittels ausmachen.

Die EU-Kommission klärt derzeit, wie praktikabel diese Kennzeichnungen sind. Erst danach wird über weitere Maßnahmen entschieden. Von welchen Lebensmitteln Sie künftig noch den Ursprung erfahren werden und wie aussagekräftig die Angaben sein werden, ist zurzeit noch unklar.

Das fordern die Verbraucherzentralen

Verbraucher, die wissen wollen, woher ein bestimmtes Lebensmittel stammt, stehen oftmals auf verlorenem Posten. Einige Rohwaren tragen verpflichtende Herkunftshinweise, bei verarbeiteten Lebensmitteln ist aber in der Regel Schluss mit der Transparenz. Produzenten werben mit Länder-Spezialitäten aus bestimmten Regionen der Europäischen Union, heimische Anbieter preisen regionale Lebensmittel an. Wie seriös die Herkunftsangaben und die Werbeversprechen im Einzelnen sind, bleibt vielen Käufern unklar – und die gesetzlichen Regelungen sind unzulänglich. Das zeigt auch eine aktuelle Studie aus dem Projekt Lebensmittelklarheit deutlich: Verbraucher haben sehr niedrige Erwartungen an Produkte mit Bezeichnungen von Orten und Regionen. Unabhängig davon, ob eine Fantasiebezeichnung verwendet wird („Sylter Käse") oder ein europäischer Herkunftsschutz vorliegt wie bei „Allgäuer Emmentaler" (g. U.) und „Nürnberger Würstchen" (g. g. A.), erwarten sie meist nur noch, dass das Rezept ortstypisch ist. Weniger als die Hälfte der Befragten geht davon aus, dass sich der

Das fordern die Verbraucherzentralen

angegebene Ort oder die Region auf die Rohstoffe oder die Herstellung bezieht. Auffallend viele Verbraucher aber geben an, dass sie sich bei diesen Fragen unsicher fühlen.

Mehr Klarheit beim Einkauf bringen die positiven Ansätze in der EU- Lebensmittelinformationsverordnung und das freiwillige „Regionalfenster". Einige wichtige verbraucherpolitische Forderungen sind aber auf Druck der Wirtschaft bislang nicht erfüllt und neue Vorschriften noch nicht optimal gestaltet. So ist es angesichts immer komplexerer Wertschöpfungsketten notwendig, am Produkt zu kennzeichnen, woher das im Lebensmittel verwendete Fleisch oder weitere Hauptzutaten stammen und wo sie weiterverarbeitet wurden.

Die Verbraucherzentralen fordern durchweg Pflichtkennzeichnungen – denn auf freiwilliger Basis kennzeichnen nur Unternehmen, denen Verbraucherinformation ohnehin wichtig ist. Die sogenannten schwarzen Schafe machen dagegen jedes Schlupfloch ausfindig, das die derzeitige Rechtslage bietet.

Der Natur auf der Spur

Während Sie die Güte von Rohwaren meist gut beurteilen können, lässt sich die Qualität **verarbeiteter Lebensmittel** vielfach schlecht einschätzen. Seit jeher kämpft darum die industrielle Lebensmittelverarbeitung gegen ein schlechtes Image. Mit zunehmender technologischer Verarbeitung und Zubereitung wächst das Misstrauen der Käufer: Viele **Produktionsmethoden, Zutaten** und **Zusatzstoffe** sind ihnen fremd oder suspekt, unterscheiden diese sich doch stark von der haushaltsüblichen Zubereitung. Zudem bleibt bei fertig verpackten Lebensmitteln meist unklar, wer das Produkt wo, wie und wann hergestellt hat.

Diesem Misstrauen begegnen Unternehmen, indem sie mit einer „traditionellen Herstellung" werben. „Nach Hausfrauenart" sollen die Produkte zubereitet sein. Sogar die Großmutter muss teilweise herhalten, um dem Produkt das Image des „Selbstgekochten" zu geben. Dabei geht es aber öfter mal nicht mit rechten Dingen zu, denn teilweise sind darin Zutaten enthalten, die es in der „guten alten Zeit" noch gar nicht gab.

Seit einigen Jahren werben die Hersteller auch verstärkt damit, auf bestimmte Zutaten zu verzichten. Gemeint sind die von Verbraucher kritisch beäugten Zusatzstoffe wie **Geschmacksverstärker, Konservierungsstoffe** & Co. Die Werbeaussagen sind spitzfindig, sodass sie rechtlich kaum angreifbar sind. Sie werden von vielen Käufern aber falsch verstanden.

Tradition und Hausfrauenart

Begriffe wie „traditionell", „Hausrezept" oder „Hausfrauenart" sind rechtlich nicht geregelt. Trotzdem dürfen diese Hinweise keine leeren Werbeaussagen sein, denn im Lebensmittelrecht gilt das allgemeine Verbot der Täuschung.

Doch die Erfahrung zeigt, dass Hinweise auf eine traditionelle Herstellung Käufer hinters Licht führen. Das gilt zum Beispiel, wenn Verfahren und/oder Zutaten verwendet werden, die typisch für die heutige industrielle Lebensmittelproduktion sind und früher noch nicht zur Verfügung standen.

Heißt es in der Werbung „wie selbst gekocht" oder verweist der Hersteller auf Rezepte der Hausfrau oder Großmutter, dann sollten nur Zutaten verwendet werden, die bei der herkömmlichen Zubereitung am heimischen Herd üblich sind. Bestandteile wie Glukose-Fruktose-Sirup gehören gewiss nicht dazu – die meisten Zusatzstoffe sind erst recht nicht haushaltsüblich!

Wenn mit Jahreszahlen wie „seit 1870" oder Zeiträumen, zum Beispiel „100-jährige Tradition" geworben wird, muss eindeutig hervorgehen, worauf sich diese beziehen. Geht es um die Existenz des Unternehmens oder um die Rezeptur? Das müssen Sie als Kunde erkennen können!

Häufig läuft hier einiges schief, das spiegeln auch die Produkte wieder, die von Verbrauchern auf lebensmittelklarheit.de gemeldet wurden:

- Die *Matjes-Mahlzeit* der Lysell GmbH soll „Sauce nach Hausfrauenart" enthalten. In der beworbenen

Soße befinden sich aber die Verdickungsmittel Guarkernmehl und Xanthan, das Säuerungsmittel Glucono-delta-lacton, Säureregulatoren und Konservierungsmittel. Würden

Zarte Matjesfilets nach nordischer Art in delikatem Aufguss, mit Sauce nach Hausfrauenart

Zutaten: **Heringsfilet** (42%), Rapsöl, **Sahne**, Wasser, Zwiebeln, Invertzuckersirup, Gurken, Zucker, Branntweinessig, Salz, **Eigelb**, **Senf** (Wasser, **Senfsaat**, Branntweinessig, Salz, Zucker, Gewürze), Äpfel, **Joghurtpulver**, grüner Pfeffer, rosa Beeren, Schnittlauch, Dill, Dextrose Konservierungsstoffe: Natriumbenzoat, Kaliumnitrat; Säuerungsmittel: Citronensäure, Glucono-delta-lacton, Essigsäure; Verdickungsmittel: Guarkernmehl, Xanthan; Säureregulartoren: Trinatriumcitrat, Natriumacetat, Natriumlactat; Antioxidationsmittel: Ascorbinsäure, Aroma.

Stand: 05/2015

Sie diese Zutaten zu Hause für eine Matjes-Soße verwenden? Das Unternehmen zeigte sich aber uneinsichtig: Die Auslobung „Sauce nach Hausfrauenart" solle nur eine „Geschmacksrichtung" beschreiben und nichts über die Verwendung oder Nicht-Verwendung von Zusatzstoffen aussagen.

■ Auch das Unternehmen Schamel bewirbt seinen *Sahne-Meerrettich mild* freimütig mit „Das Original seit 1864", obwohl dieses Produkt modifizierte Stärke und mehrere Zusatzstoffe, darunter die Stabilisatoren Guarkernmehl und Xanthan, enthält. Die Werbung bezieht sich laut Hersteller auf das Gründungsjahr der Firma, nicht auf die Zutaten.

Bayerischer Sahne-Meerrettich
Zutaten: Meerrettich, Rapsöl, Sahne (27%), Branntweinessig, Zucker, Milcheiweiß, Jodsalz, Säuerungsmittel Citronensäure und Ascorbinsäure, Molkenerzeugnis, Stabilisatoren Guarkernmehl und Xanthan, modifizierte Stärke, Antioxidationsmittel Natriummetabisulfit, natürliches Aroma.
Geschützte geographische Angabe, aus 100% bayer. Meerrettich-Rohware

Stand: 05/2015

■ „Oma's Backstube" bietet einen Rhabarber-Erdbeer-Kuchen „nach traditionellem Rezept" mit modifizierter Stärke, Glukosesirup, drei Verdickungsmitteln (Carrageen, Johannisbrotkernmehl, Xanthan), natürlichem Aroma, Säureregulatoren und Karotte als färbendes Lebensmittel. So buk oder backt Oma garantiert nicht.

Stand: 01/2013

Mürbeteigboden mit Rhabarber und Erdbeeren auf leckerer Creme (24%), bedeckt mit goldgelben Butterstreuseln (14%) und Tortenguss abgeglänzt. Tiefgefroren.
Zutaten: *Rhabarber (23%), Weizenmehl, Wasser, Zucker, Erdbeeren (7%), Sahne (4%), Vollei, Butter (3%), pflanzliches Fett, pflanzliches Öl, Fruktose, Joghurt, Weizenstärke, modifizierte Stärke, Süßmolkenpulver, Glukosesirup, Magermilchpulver, Speisesalz, Backtriebmittel (Diphosphate, Natriumcarbonate), Verdickungsmittel (Carrageen, Johannisbrotkernmehl, Xanthan), Geliermittel Pektine, natürliches Aroma, Milcheiweiß, Säureregulatoren (Natriumcitrate, Kaliumcitrate), Säuerungsmittel Citronensäure, färbendes Lebensmittel: Karotte.*

„Ohne Zusatzstoffe"

Eine andere Werbemasche sind **Clean Label** – saubere Etiketten –, die verarbeiteten Produkten ein natürliches Image verleihen sollen. „Ohne Konservierungsstoffe", „ohne Zusatzstoff Geschmacksverstärker", „ohne Farbstoffe", „ohne Aromastoffe" – diese unerwünschten Inhaltsstoffe sind laut Label oder Werbung „garantiert" nicht enthalten.

Doch die mit freiwilligen Verzichtserklärungen gekennzeichneten Produkte sind oft längst nicht so „sauber" und ursprünglich, wie die Anbieter dies suggerieren.

Eigentlich wollen Hersteller auf die Wirkung der Zusatzstoffe nicht verzichten und suchen deshalb Zutaten, die einen ähnlichen Effekt im Produkt erzielen. Oft sind in den Zutaten sogar exakt dieselben Substanzen enthalten, die in isolierter Form als Zusatzstoffe gelten – ohne dass die Zutaten als Zusatzstoffe gekennzeichnet werden müssen. Das Paradebeispiel hierfür ist der geschmacksverstärkend wirkende, glutamathaltige Hefeextrakt.

„Ohne den Zusatzstoff Geschmacks-verstärker"

Diese Werbeaussage spricht beispielsweise Kunden an, die auf Geschmacksverstärker verzichten wollen, insbesondere auf Glutamat. Geschmacksverstärker sind Zusatzstoffe, die den Geschmack und/oder den Geruch eines Lebensmittels verstärken. Die bekanntesten sind die Salze der Glutaminsäure mit den E-Nummern E 620 bis E 625. Sie sind zum Beispiel als „Geschmacksverstärker Natriumglutamat" (= E 621) in der Zutatenliste zu finden.

Zahlreiche Produkte, die laut Werbung ohne diesen Zusatzstoff auskommen, enthalten aber dennoch Glutamat: Es versteckt sich geschickt in anderen Zutaten, insbesondere im Hefeextrakt, aber auch in Sojasoße oder Würze, und muss dann nicht namentlich als Zusatzstoff in der Zutatenliste angegeben werden.

Hefeextrakt enthält beispielsweise zwischen etwa 2 und 3,3 Prozent freies Glutamat und zusätzlich andere Eiweißbausteine wie Guanylat oder Inosinat, die ebenfalls geschmacksverstärkend wirken. Trotzdem zählt Hefeextrakt rechtlich nicht als Zusatzstoff, sondern als normale Zutat.

Stand: 03/2015

Ob im Endeffekt in Produkten, die mit Hefeextrakt hergestellt werden, weniger Glutamat steckt als in solchen mit Geschmacksverstärker, bleibt ungewiss.

Auch Aromen zählen lebensmittelrechtlich nicht zu den Geschmacksverstärkern, denn sie erzielen einen eigenen Geschmack, statt einen bestehenden Geschmack zu verstärken. Diese Tatsachen nutzen Produzenten ungeniert aus:

In Lebensmitteln „ohne Zusatzstoff Geschmacksverstärker" sorgen häufig Aromen für den Geschmack.

Verbraucher verstehen die „Ohne XY"-Werbung auf den Etiketten aber anders. In einer Studie, die begleitend zum Projekt „lebensmittelklarheit.de" durchgeführt wurde, geben zwei Drittel der Befragten an, bei einem Produkt mit dem Label „frei von Geschmacksverstärkern" keine Aromen zu erwarten. Etwa 50 Prozent schließen daraus, dass weder Hefeextrakt noch Sojasoße enthalten sind.

So sollte es auch sein! Die Verbraucherzentralen meinen, diese Werbung muss für Produkte reserviert sein, die weder glutamatreiche Zutaten noch Aromen enthalten.

⋮ Gut zu wissen

Zusatzstoffe werden – anders als die „normalen" Zutaten eines Lebensmittels – eingesetzt, um zum Beispiel ein Lebensmittel haltbar zu machen, einzudicken oder zu färben. Im Unterschied zu den übrigen Zutaten müssen Zusatzstoffe ein Zulassungsverfahren durchlaufen. Bei der Zulassung erhalten die Substanzen eine europaweit einheitliche E-Nummer – das E steht für Europa.
Die in einem Lebensmittel eingesetzten Zusatzstoffe müssen in der Zutatenliste aufgeführt sein. Dabei wird der „Klassenname" vorangestellt, der die Art der Wirkung angibt, zum Beispiel „Farbstoff", „Konservierungsstoff", „Verdickungsmittel", „Säuerungsmittel" oder „Geschmacksverstärker". Weiterhin ist entweder die Substanzbezeichnung oder die E-Nummer anzugeben. Korrekt wäre also sowohl die Angabe „Konservierungsmittel E 210" als auch „Konservierungsmittel Benzoesäure". Ein Erkennungsmerkmal ist somit die Klassenbezeichnung. Die E-Nummer muss dagegen nicht genannt sein.

Andere Clean Label

Auch bei anderen Clean Label sieht die Wahrheit häufig nicht so aus, wie Käufer vermuten:

„Ohne Konservierungsstoffe"

Wenn „ohne Konservierungsstoffe" auf dem Etikett steht, heißt das nicht, dass das Produkt keine Stoffe mit konservierender Wirkung enthält. Andere Zusatzstoffe verlängern ebenfalls die Haltbarkeit, zum Beispiel Antioxidationsmittel und Säuerungsmittel.

„Ohne künstliche Farbstoffe"

Lebensmittel „ohne künstliche Farbstoffe" sind dennoch oft gefärbt. Dafür sorgen Konzentrate oder Pulver aus Obst und Gemüse, denn diese gelten lebensmittelrechtlich nicht als Farbstoffe.

So die *Fruchtgummi-Monster* von Hitschler: Die Vorderseite verspricht „ohne künstliche Farbstoffe" und „20 % Fruchtsaft". Erst in der Zutatenliste erfährt der Kunde, dass Fruchtgummis trotzdem gefärbt wurden – und zwar mit sechs verschiedenen Frucht- und Pflanzenextrakten.

Stand: 05/2015

(DE, AT, CH) FRUCHTGUMMI Zutaten: Glukosesirup, Zucker, 20 % Fruchtsaft aus Fruchtsaftkonzentrat: Apfel, Erdbeere, Kirsche, Zitrone, Orange; Dextrose, Gelatine (Rind), Säuerungsmittel: Citronensäure, Milchsäure; Aroma, Färbende Frucht- und Pflanzenextrakte: Schwarze Johannisbeeren, Karotten, Färberdisteln, Spirulina, Saflor, Paprika; Überzugsmittel: Pflanzliches Öl, Carnaubawachs. (FR, BE, CH) BONBON

Derart optisch aufgepeppte Lebensmittel können eine höhere Qualität vortäuschen. So kann beispielsweise Karottensaft im Aprikosenjoghurt durch die Gelbfärbung einen höheren Aprikosengehalt vermitteln oder grün färbendes Algenpulver bei Wasabi-Erdnüssen einen höheren Anteil des japanischen Meerrettichs.

Damit rechnen Käufer nicht. Steht auf dem Joghurt „ohne Farbstoffe", so erwarten laut einer Studie des Projektes lebensmittelklarheit.de 60 Prozent der Befragten, dass die Farbe ausschließlich aus den enthaltenen Früchten stammt. Etwa der gleiche Anteil der Teilnehmenden geht davon aus, dass keine färbenden Lebensmittel enthalten sind.

„Ohne künstliche Aromen"

Auch der Hinweis „ohne künstliche Aromen" kann verwirren, denn häufig zeigt die Zutatenliste, dass dennoch Aromen zugesetzt wurden.

So lassen die *Fruchtgummi-Monster* durch die Angabe „mit natürlichen Aromen" besonders im Zusammenhang mit der Werbung „20 % Fruchtsaft" vermuten, dass der Geschmack aus Fruchtsaft stammt. Im Zutatenverzeichnis findet man allerdings dennoch „Aroma", das noch nicht einmal als „natürlich" ausgewiesen ist. Es mag zwar zum Teil aus natürlichen Quellen stammen, die rechtlichen Anforderungen an „natürliches Aroma" scheint es jedoch nicht zu erfüllen.

Vielfach sind in Lebensmitteln mit der Werbung „ohne künstliche Aromen" laut Zutatenverzeichnis „natürliche Aromen" enthalten. Diese gelten laut Gesetz zwar als „natürlich", sie werden aber trotzdem im Labor hergestellt. „Natürliche Aromen" müssen aus einem natürlichen Rohstoff stammen, aber nicht zwangsläufig aus einem Lebensmittel. Sie dürfen aus pflanzlichen und tierischen Ausgangsstoffen wie Holzbestandteilen sowie aus Mikroorganismen (zum Beispiel Schimmelpilzen) gewonnen werden. Auch gentechnologische Verfahren können zum Einsatz kommen (siehe auch Seite 126 „natürlich").

Wichtig: Nur wenn die Zutatenliste keine Aromen ausweist, stammt der Geschmack vollständig aus den verwendeten Lebensmitteln.

Ökolebensmittel

Im Gegensatz zu vielen anderen Siegeln und Werbeaussagen ist die Biokennzeichnung rechtsverbindlich und europaweit einheitlich geregelt.

Alle Lebensmittel, die als „Bio" oder „Öko" bezeichnet werden, müssen den Vorschriften der EG-Öko-Verordnung entsprechen. Sie enthält Vorgaben zu den folgenden Schwerpunkten des ökologischen Landbaus und der Weiterverarbeitung von Ökoprodukten:

- Verzicht auf chemisch-synthetische Pflanzenschutz- und Düngemittel,
- vielfältige Fruchtfolgen, also regelmäßig wechselnde Nutzpflanzenarten auf einem Feld,
- Erhalt bzw. Steigerung der Bodenfruchtbarkeit,
- ausgewogene Nährstoffkreisläufe durch flächengebundene Tierhaltung – pro Hektar landwirtschaftlich genutzter Fläche ist eine bestimmte Anzahl von Tieren erlaubt,
- tiergerechte Haltung mit Auslaufmöglichkeiten,
- Erhaltung der Tiergesundheit vor allem durch Förderung der natürlichen Widerstandskraft,
- Verbot der Verwendung von Gentechnik,
- nachhaltige Bewirtschaftung, um für zukünftige Generationen fruchtbare Böden zu erhalten,
- Verbot der Lebensmittelbestrahlung,
- Verwendung nur weniger Zusatz- und Verarbeitungshilfsstoffe.

Kontrollstelle:
DE-ÖKO-001
EU-/Nicht-EU-
Landwirtschaft

Das europaweit einheitliche EU-Bio-Logo muss auf jedem ökologisch erzeugten Lebensmittel stehen.

Unterhalb des EU-Bio-Logos ist die Codenummer der zuständigen Kontrollstelle zu finden. Diese beginnt mit dem Kürzel des Mitgliedsstaates. Daran schließt sich das Wort „bio" oder „öko" in der jeweiligen Landessprache sowie die Referenznummer der Kontrollstelle an. Beispiel für Deutschland: DE-Öko-001.

Außerdem muss der Ursprung des Produktes genannt sein: entweder das Ursprungsland oder durch die Kennzeichnung „EU-Landwirtschaft", „Nicht-EU-Landwirtschaft" oder „EU-/Nicht-EU-Landwirtschaft" (siehe Seite 93).

Zusätzlich zu dieser EU-Bio-Kennzeichnung dürfen Produkte die Siegel der Anbauverbände, zum Beispiel das Demeter- oder Bioland-Siegel, das deutsche Bio-Siegel oder eigene Biozeichen der Handelsmarken tragen. Mit diesen Kennzeichnungen können höhere Anforderungen verbunden sein. Beispielsweise sind in Demeter- und Bioland-Produkten deutlich weniger Zusatzstoffe erlaubt als nach der EG-Öko-Verordnung. Alle Produkte, die mit „Bio" werben, müssen aber mindestens die Bio-Kriterien des EU-weiten Rechtsrahmens erfüllen.

[] **Tipp**

Die Bezeichnungen „Öko", „Bio", „biologisch", „ökologisch" oder „aus kontrolliert ökologischem/biologischem Anbau" sind rechtlich geschützt.

Daneben gibt es ähnlich lautende Formulierungen auf konventionellen Produkten, die den Eindruck erwecken, es handle sich um Bioware. So sind etwa Bezeichnungen wie „ungespritzt", „unbehandelt", „naturnah", „alternativ" oder „aus kontrolliertem Anbau" keine Garantie für Ökoqualität.

Echte Bioqualität erkennen Sie am einfachsten am EU-Bio-Logo und der Codenummer der zuständigen Kontrollstelle. Fehlt diese Kennzeichnung, so hat der Hersteller oftmals selbst festgelegt, was er unter „naturnah" und ähnlichen Angaben versteht.

„Bio" – aber mit Zusatzstoffen

Biolebensmittel sind nicht zwangsläufig frei von Zusatzstoffen. Zwar sind deutlich weniger Substanzen zugelassen – 48 statt über 300 bei konventionellen Lebensmitteln. Aber viele Erzeugnisse, zum Beispiel Fertigprodukte, lassen sich auch im Biobereich nicht ohne Zusatzstoffe herstellen. Geschmacksverstärker sind jedoch beispielsweise verboten. Außerdem dürfen Zusatzstoffe nicht aus gentechnischer Herstellung stammen.

„Bio" heißt nicht automatisch gesund

Mittlerweile gibt es viele hoch verarbeitete Lebensmittel auch in Bioqualität, zum Beispiel Fertiggerichte, Trockensuppen und -soßen, Gummibärchen und andere Süßwaren. Auch wenn die Zutaten ökologisch produziert wurden, können die Lebensmittel beispielsweise fett- oder zuckerreich sein oder viel Salz enthalten.

Die Zutatenliste und – falls vorhanden – die Nährwertkennzeichnung zu lesen, lohnt sich deshalb bei Ökolebensmitteln genauso wie bei konventionellen.

Bio-Mineralwasser – per Gerichtsurteil zulässige Verbrauchertäuschung!

„Wo Bio draufsteht, ist auch Bio drin" – mit dieser eindeutigen Botschaft warb vor über zehn Jahren die damalige Bundesverbraucherschutzministerin Renate Künast für das deutsche Bio-Siegel. Die Bezeichnungen „Bio" und „Öko" sind rechtlich geschützt und geben eine Garantie.

Da sich die Ökokennzeichnung auf landwirtschaftliche Erzeugnisse bezieht und Wasser kein landwirtschaftliches Erzeugnis ist, wäre die logische Konsequenz, dass Wasser nicht als „Bio" beworben werden darf.

Stand: 05/2013

Nun hat ein besonders findiger Hersteller aber ein eigenes Biosiegel für Mineralwasser kreiert und die Vergabekriterien dafür festgelegt. Diese umfassen vor allem strengere Grenzwerte für Schadstoffe, als sie rechtlich für Mineralwasser bestehen. Tatsächlich müssen aber **alle Mineralwässer** „ursprünglich rein" sein, das verlangt die Mineral- und Tafelwasserverordnung. Alle Inhaltsstoffe müssen natürlichen Ursprungs sein und dürfen daher beispielsweise nicht durch Umweltverschmutzung in das Wasser gelangt sein.

Der Bundesgerichtshof urteilte hier jedoch: Nur weil es Biokriterien für Mineralwasser nicht gebe, hieße das nicht, dass das Wörtchen Bio nicht verwendet werden dürfe. Die Bezeichnung „Bio-Mineralwasser" ist somit grundsätzlich zulässig.

Interessanterweise ist der Bundesgerichtshof der Ansicht, ein Kunde erwarte nicht, dass die Verwendung der Bezeichnung „Bio" bei Mineralwasser gesetzlichen Vorgaben unterliege. Genau dafür warb aber nicht nur Frau Künast – auch die Verbraucherzentralen vermitteln seit Jahren die „Bio-Garantie".

Diese Garantie wird durch das Gerichtsurteil buchstäblich verwässert. Wenn weitere Mineralwasserhersteller nachziehen, kann es zukünftig zudem viele firmeneigene Biosiegel auf Wasser geben, deren Kriterien nach Gutdünken festgelegt werden.

Stand: 01/2013

„Natürlich"

„Natur" oder „natürlich" sind Werbebotschaften, die sicher bei den meisten Verbrauchern gut ankommen. Auf Lebensmitteln können sie alles bedeuten. Frischkäse „natur" hat lediglich keine besondere Geschmacksrichtung. Oft stehen Begriffe wie „natürlich" in Zusammenhang mit einem Clean Label (siehe Seite 116, 234) und vermitteln, dass bestimmte Zusatzstoffe nicht vorhanden sind. Vielfach ist die Bedeutung aber auch völlig unklar, zum Beispiel „Natural" auf geschwefelten Aprikosen oder der Name „Nature Addicts" für ein stark verarbeitetes Produkt aus Fruchtsaft und Fruchtmus mit Geliermittel und Aroma.

Stand: 02/2015

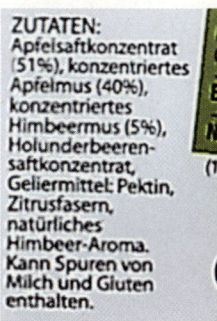

ZUTATEN:
Apfelsaftkonzentrat (51%), konzentriertes Apfelmus (40%), konzentriertes Himbeermus (5%), Holunderbeeren-saftkonzentrat, Geliermittel: Pektin, Zitrusfasern, natürliches Himbeer-Aroma. Kann Spuren von Milch und Gluten enthalten.

Rechtlich geregelt ist die Bezeichnung „natürlich" lediglich im Zusammenhang mit Aromen. „Natürliche Aromen" müssen von einem natürlichen Rohstoff stammen. Das kann jedoch auch Holz sein. Die Verfahren sind dagegen nicht unbedingt als „natürlich" zu betrachten – sogar Gentechnik ist erlaubt.

„Natürliche" Lebensmittel – häufig mit Aromen aufgepeppt

Die Verbraucherzentrale Hessen überprüfte im November 2014 eine Marktstichprobe von 23 Lebensmitteln mit „Natur"-Werbung auf den Einsatz von Aromen: Über 80 Prozent (19) der meist stark verarbeiteten Produkte enthielten laut Zutatenliste Aromen. Es handelte sich hauptsächlich um Snacks und Süßigkeiten, gefolgt von Erfrischungsgetränken, Tees und Fertigprodukten. In gut jedem dritten Fall weckten Werbebotschaften bei Verbrauchern konkrete Erwartungen auf schonend hergestellte, natürliche Zutaten. Diese waren aber meist nur in geringen Mengen enthalten, der Geschmack war mit Aromen aufgepeppt.

Obendrein nutzen die Hersteller das bestehende Verwirrspiel bei der Kennzeichnung von „natürlichen Aromen" für ihre Werbezwecke. Denn Verbraucher wissen häufig nicht, dass „natürliche Aromen" lediglich von irgendeinem natürlichen Rohstoff stammen müssen. So prangte auf der Schauseite eines Erfrischungsgetränks „Apfel" ein Apfel und der Hinweis „nur natürliches Aroma". Dieses muss aber nicht aus Äpfeln stammen, es kann auch aus Zellulose gewonnen sein.

! Achtung

Einen deutlichen Schritt in Richtung mehr Verbraucherschutz hat ein Urteil des Europäischen Gerichtshofs (EuGH) bewirkt.

Der Verbraucherzentrale Bundesverband vzbv hatte im Jahr 2011 vor dem Landgericht Düsseldorf gegen die Firma Teekanne wegen der täuschenden Aufmachung eines aromatisierten Kindertees geklagt.

Auf dem aromatisierten Früchtetee „Felix Himbeer-Vanille Abenteuer" stachen auf der Vorderseite der Verpackung Himbeeren und Vanilleblüten ins Auge. Außerdem waren dort die Hinweise **„Früchtetee mit natürlichen Aromen"** und **„nur natürliche Zutaten"** prominent platziert. Nach Ansicht der Verbraucherzentralen und des vzbv vermittelten diese Botschaften Verbrauchern den Eindruck, der Tee enthalte natürliche Bestandteile aus Himbeeren und Vanille. Tatsächlich war das aber nicht der Fall. Der Tee bestand hauptsächlich aus Hibiskus, Äpfeln, Brombeerblättern, Orangenschalen, Hagebutten und enthielt lediglich natürliches Aroma mit Vanille- und Himbeergeschmack.

Die Klage des vzbv landete vor dem Bundesgerichtshof (BGH), der wiederum den EuGH um eine Grundsatzentscheidung ersuchte. Den Grundsatz „Was drauf steht, muss auch drin sein!", den die Verbraucherzentralen seit Jahren fordern, hat der Europäische Gerichtshof (EuGH) mit seinem Urteil vom 4. Juni 2015 bestätigt.

Nach dem Urteil dürfen Lebensmittel durch Kennzeichnung, Aufmachung und Bewerbung nicht den Eindruck erwecken, dass sie eine bestimmte Zutat enthalten, obwohl diese tatsächlich nicht im Produkt enthalten ist und das nur die Zutatenliste im Kleingedruckten verrät. Damit hat der EuGH der Ansicht der Anbieter widersprochen, ein vollständiges Zutatenverzeichnis sei ausreichend. Nach Ansicht der Verbraucherzentralen ein verbraucherfreundliches und zukunftsweisendes Urteil in Sachen Klarheit und Wahrheit bei Lebensmitteln.

Stand: 11/2015

Zutaten: Hibiskus, Apfel, süße Brombeerblätter, Orangenschalen, Hagebutten, natürliches Aroma mit Vanillegeschmack, Zitronenschalen, natürliches Aroma mit Himbeergeschmack, Brombeeren, Erdbeeren, Heidelbeeren, Holunderbeeren

Gut zu wissen

Mehr Labor als Natur – Aromen können unterschiedlichen Ursprungs sein. Was ist was in der Zutatenliste:

Aroma: Wenn lediglich „Aroma" dort steht, können Sie davon ausgehen, dass dieses im Labor chemisch hergestellt (synthetisiert) wurde. Die frühere Bezeichnung „künstliches Aroma" für Substanzen, die in der Natur nicht vorkommen, wurde abgeschafft.

Natürliches Aroma, natürlicher Aromastoff: Diese Aromen müssen aus einem natürlichen Rohstoff stammen, aber nicht zwangsläufig aus einem Lebensmittel. Sie dürfen aus pflanzlichen und tierischen Ausgangsstoffen sowie aus Mikroorganismen wie Schimmelpilzen gewonnen werden. Möglich ist auch die Herstellung mit Hilfe gentechnologischer Verfahren. Den Aromastoff Vanillin, der nach Vanille schmeckt und in der Vanilleschote vorkommt, kann man beispielsweise mit Hilfe von Mikroorganismen aus Nelkenöl oder Zuckerrübenschnitzeln gewinnen.

Natürliches Vanillearoma: Wird bei einem natürlichen Aroma ein Lebensmittel explizit genannt, so muss das Aroma zu mindestens 95 Prozent aus dem angegebenen Lebensmittel – hier aus der Vanille – stammen. Die verbleibenden 5 Prozent anderer Ausgangsstoffe können beispielsweise natürliche Schwankungen im Aroma oder Aromaverluste ausgleichen oder dem Aroma eine besondere Note verleihen.

Darauf sollten Sie achten

Lebensmittel im Supermarktregal stammen in der Regel nicht aus der Naturidylle oder aus Omas Kochtopf. Lassen Sie sich durch Werbeaussagen wie „traditionell", „altes Hausrezept", „ohne Zusatzstoffe" und „Natur" nicht einlullen.

Rechtlich geregelt ist die Öko-Kennzeichnung. In allen anderen Fällen legt der Hersteller fest, was er unter der jeweiligen Werbeaussage versteht. Halten Sie sich an die altbewährten Informationsquellen – Zutatenliste und Nährwertkennzeichnung – wenn Sie die Produktqualität einschätzen wollen.

„Alles gesünder?" Werbung mit Nährwert und Gesundheit

„Senkt den Blut-Cholesterinspiegel", „das Plus an Vitamin D", „mit Antioxidantien A, C und E". Die Food-Branche verleiht ihren Produkten gerne ein gesundes Image. Wer greift nicht gerne zu, wenn die Werbung verspricht, dass das Lebensmittel nicht nur gut schmeckt, sondern auch reich an besonderen Nährstoffen ist, gleichzeitig die Gesundheit fördert oder für Vitalität sorgt? Etwa jeder zweite Mensch hierzulande kauft oder verwendet mehrmals im Monat solche Lebensmittel. Zwei Drittel der Bevölkerung sind bereit, dafür auch mehr zu zahlen. Deshalb tauchen gesundheits- und nährwertbezogene Angaben der Hersteller in allen Produktbereichen, von Getränken über Milchprodukte bis hin zu Süßwaren, auf.

Dass Nährstoffe wie Vitamine und Mineralstoffe lebenswichtige Funktionen haben, ist eine weithin bekannte Botschaft – auf die Käuferinnen und Käufer gerne anspringen. Zunehmend halten auch „exotische" pflanzliche Substanzen mit wohlklingenden Namen wie Chia, Matcha und Goji Einzug in die meist stark verarbeiteten Produkte mit langen Zutatenlisten. Die versprochenen Wirkungen solcher Produkte sind oft höchst zweifelhaft.

Das einfache Marketingrezept könnte so lauten: Man nehme einen Mix aus Vitaminen, Mineralstoffen und exotisch anmutenden Substanzen, gebe alles – teils in homöopathischen Mengen – in ein stark verarbeitetes Fertigprodukt, egal wie viel Zucker, Fett, Salz, Zusatzstoffe und Aromen zum Einsatz kommen. Zum Schluss bewerbe man das Produkt auf der Verpackung und in den Medien in Wort und Bild mit der „Extraportion Gesundheit, Schlankheit, Fitness, Wellness". Fertig!

Gegen solche Werbemethoden vorzugehen, war für die Verbraucherzentralen in der Vergangenheit oft sehr schwierig. Sie mussten dem Hersteller zunächst beweisen, dass die ausgelobte Wirkung nicht nachgewiesen ist. Wie ein wissenschaftlicher Nachweis auszusehen hat, war aber gesetzlich nicht festgelegt.

Die EU rief 2006 die Verordnung über nährwert- und gesundheitsbezogene Angaben (Health-Claims-Verordnung) ins Leben,

- um die Flut von **Gesundheitsversprechen (Health Claims)** der Hersteller einzudämmen,
- um Verbraucher besser vor täuschender Gesundheitswerbung zu schützen und
- um die Beurteilung dieser Angaben zu vereinfachen.

Seit Jahren wird die Verordnung immer weiter ver-
vollständigt, doch noch immer fehlen wichtige Bestandteile. Das macht ihre Anwendung schwierig.
Immerhin: Lebensmittel müssen bestehende Vorgaben
der Health-Claims-Verordnung bereits erfüllen, wenn
Hersteller mit solchen Aussagen werben.

Grundsatz der Verordnung ist, dass alle Angaben zum
Nährwert und zur Gesundheit wahr sein und den wissenschaftlichen Erkenntnissen entsprechen müssen.
Neu dabei ist der Ansatz, dass alles verboten ist, was
nicht ausdrücklich erlaubt ist. Die Werbemöglichkeiten
beschränken sich zukünftig auf diejenigen Aussagen,
die von der Europäischen Behörde für Lebensmittelsicherheit (EFSA) als ausreichend wissenschaftlich belegt eingestuft und von der EU-Kommission zugelassen
wurden. Bei dieser Prüfung legt die EFSA hohe Maßstä-
be an, an denen schon viele Health Claims der Anbieter gescheitert sind. Leider geht die Arbeit nur langsam
voran und ein Ende der Bewertungen ist noch nicht abzusehen. Eine vollständige und verbindliche Liste gibt
es bisher nur für die nährwertbezogenen Angaben.

> **! Achtung**
>
> Der Hersteller Ehrmann bewarb seinen Fruchtquark
> *Monster Backe* in einer extra bunt und kindgerecht aufge-
> machten Verpackung mit dem Slogan „Früchte-Quark – So
> wichtig wie das tägliche Glas Milch" (Abbildung unten
> links). Die Zentrale zur Bekämpfung des unlauteren Wett-
> bewerbs e.V. klagte gegen das Unternehmen, weil sie die
> Werbung für das gezuckerte Produkt für irreführend hielt.
> Gerechtfertigt, wie ein Blick auf die Zutatenliste zeigt: Der
> „Kinderquark" enthält reichlich Zucker, drei verschiedene
> Verdickungsmittel und modifizierte Stärke. Färbende
> Lebensmittel und Aromen vertuschen, dass bloß sechs
> Prozent Frucht darin stecken. Schon eine kleine Portion

gesunder Menschenverstand reicht, um festzustellen:
Dieses Fertig-Dessert reicht nun wahrlich nicht an Frisch-
milch heran! Die rechtliche Bewertung fällt aber offensichtlich schwerer.

Das Produkt beschäftigte sämtliche Instanzen vom
Landgericht Stuttgart bis zum Bundesgerichtshof (BGH).
Zwischenzeitlich wurde sogar der Europäische Gerichtshof eingeschaltet. Das Ergebnis: Die Werbung ist zulässig.
Der BGH erklärt in seinem Urteil, für den Verbraucher sei
erkennbar, dass sich das Produkt in seiner Zusammensetzung deutlich von Milch unterscheide und sich der in dem
Slogan enthaltene Vergleich nicht auf den Zuckeranteil
beziehe. Dieser sei bei einem Früchtequark schon wegen
des darin enthaltenen Fruchtzuckers naturgemäß höher
als bei Milch. Die Werbeaussage knüpfe an die verbreitete
Meinung an, Kinder und Jugendliche sollten im Hinblick
auf eine gesundheitsfördernde Wirkung täglich ein Glas
Milch trinken.

Für uns ist das Urteil nicht nachvollziehbar. Wir halten den
Slogan „so wichtig wie das tägliche Glas Milch" auf dem
zuckerreichen, stark verarbeiteten Dessert schlichtweg für
falsch.

Stand: 03/2013

Frischkäsezubereitung mit 6 % Früchten*.
Fettstufe im Milchanteil. Weitere Zutaten: Zucker, Sahne,
Glukose-Fruktosesirup, modifizierte Stärke, färbendes
Karottenkonzentrat [1], Rote Betesaftkonzentrat [2], färbendes
Saftkonzentrat [3], Verdickungsmittel Guarkernmehl, Xanthan
und Johannisbrotkernmehl, natürliches Aroma. *In den Sorten
Waldbeer, Pfirsich, Himbeer. Ohne Konservierungsstoffe. Mit
natürlichen Aromen. [1]bei Waldbeer und Himbeer, [2]bei Wald-
beer und Himbeer, [3]bei Pfirsich. Bei max. +8 °C mindestens
haltbar bis: siehe Deckel.

Und die Firma Ehrmann? Sie verkaufte *Monster Backe* samt Slogan jahrelang weiter. Statt um gesunde Kinderernährung ging es wohl eher um volle Kassen. Mitte 2013 hat der Hersteller den Werbespruch dann freiwillig vom süßen Quark verschwinden lassen – vielleicht auch, um einer möglichen gerichtlichen Niederlage zuvorzukommen. Und jetzt bleibt abzuwarten, ob die Firma erneut mit der umstrittenen Aussage wirbt.

Nährwertbezogene Angaben

Die Werbung „mit hohem Kalzium-Gehalt" ist ein typisches Beispiel für eine nährwertbezogene Angabe, aber auch schon die Bezeichnungen „Multi-Vitamin" und „ACE" gehören dazu. Die EU-Regelungen sollen sicherstellen, dass die beworbenen Nährstoffe tatsächlich in einer **wirksamen** Menge enthalten sind. Und wenn mit einer verringerten Menge an kritischen Nährstoffen wie Fett oder Zucker oder mit einem reduzierten Kaloriengehalt geworben wird, soll dies ebenfalls den Tatsachen entsprechen. Dabei staffeln sich die möglichen Angaben zum Beispiel von „Vitamin-C-Quelle" bis „erhöhter Vitamin-C-Gehalt" oder von „kalorienreduziert" über „kalorienarm" zu „kalorienfrei". Und welcher Verbraucher versteht bei diesen vielen, gesetzlich abgesegneten Varianten zur Nährstoffangaben wirklich noch, was damit gemeint ist?

Viele Anfragen an die Verbraucherzentralen betreffen die **„frei"-Angaben** wie „zuckerfrei" oder „fettfrei". Den Begriff „frei" nehmen viele Käufer wörtlich und sind überrascht, wenn der Nährstoff laut Nährwertkennzeichnung – wenn auch in geringer Menge – trotzdem enthalten ist.

Folgende „frei"-Claims sind gesetzlich festgelegt:

- „Energiefrei"/„kalorienfrei": Das Produkt enthält nicht mehr als 4 Kilokalorien (17 kJ) je 100 Milliliter (diese Voraussetzung können nur Flüssigkeiten erfüllen).
- „Fettfrei"/„ohne Fett": Das Produkt enthält nicht mehr als 0,5 Gramm Fett pro 100 Gramm oder 100 Milliliter.
- „Frei von gesättigten Fettsäuren": Die Summe der gesättigten Fettsäuren und der Trans-Fettsäuren darf 0,1 Gramm pro 100 Gramm oder 100 Milliliter nicht übersteigen.
- „Zuckerfrei": Das Produkt enthält nicht mehr als 0,5 Gramm Zucker pro 100 Gramm oder 100 Milliliter.
- „Natriumfrei"/„kochsalzfrei": Das Produkt enthält nicht mehr als 0,005 g Natrium oder den gleichwertigen Gehalt an Salz pro 100 Gramm.

Auch andere Angaben führen zu Missverständnissen. Ein Verbraucher, der die Angabe **„Ballaststoff-Quelle"** auf der Verpackung eines Toastbrots aus Auszugsmehl gefunden hatte, meinte einer unzulässigen Werbeaussage auf die Schliche gekommen zu sein. Doch die Kennzeichnungsregeln sind hier lasch: Schon bei einem Ballaststoffgehalt von drei Gramm pro 100 Gramm festem Lebensmittel ist die Aussage rechtlich in Ordnung. Damit trifft sie auf nahezu jedes Brot und Brötchen zu, denn auch helles Mehl (Type 405) hat im Durchschnitt bereits einen Ballaststoffgehalt von vier Prozent. Sogar Butterkekse, Erdnussflips und Nussschokolade könnten sich so als „Ballaststoff-Quelle" rühmen – und das ist nicht im Sinne einer gesundheitsfördernden Ernährung.

Beispiel für „laktosefreien" Käse; Stand: 03/2015

! Achtung

Zum Teil fehlen für die „frei von"-Werbung auch klare Kennzeichnungsvorschriften. Solche Lücken nutzen einige Hersteller gerne gewinnbringend aus. Ein typisches Beispiel sind die laktosefreien Produkte.
Fast jeder Siebte hierzulande wird von einer Milchzuckerunverträglichkeit (Laktoseintoleranz) geplagt. Und so wächst und gedeiht nicht zufällig das Sortiment laktosefreier Spezialprodukte. Deren Hersteller suggerieren häufig, dass nur damit die üblichen Verdauungsbeschwerden in den Griff zu bekommen sind.
Fakt ist aber, dass viele als laktosefrei deklarierten Lebensmittel von Natur aus keinen oder nur sehr wenig Milchzucker enthalten: So hat zum Beispiel Butter einen Laktosegehalt unter einem Prozent. Die meisten Käsesorten, vor allem Hart- und Schnittkäse wie Emmentaler, Bergkäse oder Gouda, enthalten durch den Herstellungsprozess nur noch Spuren von Milchzucker. Laktosefreie Spezialprodukte sind zum Teil mehr als doppelt so teuer wie herkömmliche Vergleichsprodukte. Das zeigten verschiedene Marktchecks der Verbraucherzentralen.

Das fordern die Verbraucherzentralen

Die mit „frei von ..." beworbenen Lebensmittel sind also meist nur „praktisch frei" von der genannten Substanz. Tatsächlich sind die festgelegten Grenzwerte so niedrig gewählt, dass kein gesundheitlicher Nachteil zu befürchten ist.

Die Bezeichnung „frei" verwirrt eher, als dass sie für Klarheit sorgt!

- Hier muss der Gesetzgeber nachbessern!
- Die Voraussetzungen für nährwertbezogene Angaben müssen sinnvoller festgelegt werden!

Für „laktosefreie" Produkte fordern die Verbraucherzentralen:

- Der genaue Laktosegehalt sollte auf dem Etikett aller laktosehaltigen Lebensmittel stehen.
- Die Begriffe „laktosefrei" und „laktosearm" sollten gesetzlich festgelegt werden.
- Hersteller sollten Produkte wie Hart- und Schnittkäse nicht als Spezialprodukte bewerben dürfen. Für Klarheit könnte ein Zusatz wie „von Natur aus laktosefrei" sorgen.

Von Zuckerlügen und Fettfallen

Leben Sie figurbewusst oder kämpfen Sie „mal wieder" gegen überflüssige Pfunde? Dann gehört für Sie – wie für viele andere – der Kalorien-, Fett- und Zuckergehalt eines Lebensmittels vermutlich zu den am meisten beachteten Nährwerten auf der Verpackung. Werbeangaben, die auf ein fett-, zucker- oder kalorienarmes Produkt hinweisen, können dann kaufentscheidend sein. Doch diese Produkte halten beim näheren Blick auf die Nährwertangaben nicht immer, was sie versprechen. Das zeigen die Beschwerden verärgerter Konsumenten, die bei den Verbraucherzentralen eingehen.

Der Zuckerschummel

So führt beispielsweise die Angabe **„ohne Zuckerzusatz"** zur Annahme, dass das Produkt keinen Zucker enthält. Weit gefehlt! Zuckerzusatz ist nicht gleich Zuckergehalt – und letzterer kann in den beworbenen Lebensmitteln hoch sein. Die Aussage „ohne Zuckerzusatz" ist zulässig, wenn das Produkt **keine zugesetzten Einfach- und Zweifach-Zucker** (Mono- bzw. Disaccharide) wie Traubenzucker und Rübenzucker enthält – oder irgendein anderes wegen seiner süßenden Wirkung verwendetes Lebensmittel. Sind die Nahrungsmittel von Natur aus zuckerhaltig, soll das Etikett den Hinweis tragen „enthält von Natur aus Zucker" – das ist aber den Bestimmungen nach **kein** Muss! Wird zum Beispiel ein Lebensmittel mit Fruchtsaft, Trockenfrüchten, Milch- oder Molkenpulver hergestellt, kann es einen hohen Zuckergehalt haben. Trotzdem darf es sich laut Gesetz mit dem Hinweis „ohne Zuckerzusatz" schmücken.

Ein Beispiel hierfür ist das *Vitalis Früchte-Müsli* „ohne Zuckerzusatz" von Dr. Oetker. Laut Nährwertkennzeichnung auf der Verpackung besteht das Produkt zu etwa einem Viertel aus Zucker. Dieser wurde jedoch nicht zugesetzt, sondern er stammt aus den verarbeiteten Trockenfrüchten. Den Hinweis „Enthält von Natur aus Zucker" gibt es auf der Packung. Die Rechtsvorgaben sind somit erfüllt. Das Ganze steht dort aber in winzigen Buchstaben. Erst beim genauen Hinsehen entpuppt sich der wahre, hohe Zuckergehalt.

NÄHRWERTINFORMATION

100 g enthalten:		1 Portion 40 g Vitalis / 60 ml fettarme Milch 1,5 % Fett)
Energie	1422 kJ 337 kcal	689 kJ 163 kcal
Eiweiß	7,6 g	5,0 g
Kohlenhydrate	61,8 g	27,6 g
- davon Zucker	24,3 g	12,6 g
Fett	4,5 g	2,8 g
- davon gesättigte Fettsäuren	1,4 g	1,1 g
Ballaststoffe	9,2 g	3,7 g
Natrium	0,05 g	0,05 g
Vitamin B1	0,30 mg (27 %**)	0,14 mg (13 %**)
Vitamin C	50 mg (63 %**)	21 mg (26 %**)
Eisen	3,3 mg (23 %**)	1,3 mg (10 %**)
Magnesium	85 mg (23 %**)	41 mg (11 %**)

**) Prozent der empfohlenen Tagesdosis.

ZUTATEN

26 % Vollkorn-Haferflocken, Rosinen, 13 % Vollkorn-Weizenflocken, 13 % Vollkorn-Roggenflocken, getrocknete Feigenstücke, Cornflakes (Mais, Salz, Gerstenmalz), getrocknete Birnenstücke, getrocknete Pflaumenstücke, getrocknete Pfirsichstücke, geröstete Bananenscheiben, getrocknete Apfelstücke, 1,5 % Mandelstücke, getrocknetes Maracujasaft-konzentrat, getrocknete Himbeerstücke, pflanzliches Öl, Reismehl, Inulin, Maltodextrin, Vitamin C, Aroma, Säuerungsmittel Citronensäure.

Kann Spuren von weiteren Schalenfrüchten (Nüssen) enthalten.

Zusatzinformation:
Ohne Zuckerzusatz. Enthält von Natur aus Zucker.

Stand: 04/2013

„Ohne Zuckerzusatz", „natural", „ungesüßt": Diese Nährwertslogans prangen auf der Vorderseite vieler Getreidedrinks. Sie suggerieren einen neutral schmeckenden Milchersatz auf Getreidebasis. Doch wenn Sie einen geringen Zuckergehalt erwarten, können Sie bei manchen Produkten unangenehm überrascht werden. Manche dieser Drinks enthalten über neun Prozent Zucker! Zum Vergleich: Orangenlimonade bringt es

durchschnittlich auf acht Prozent. Und wie kommt der
Zucker in den Getreidedrink? Hier haben Hersteller in
der Health-Claims-Verordnung auch ein Schlupfloch
gefunden: Sie geben den stärkehaltigen Getränken
Enzyme zu, die durch biochemische Reaktionen im Herstellungsprozess Stärke in Zucker umwandeln, ohne
dass dieser rechtlich als „zugesetzt" gilt. Der Hinweis
„enthält von Natur aus Zucker" ist auf den Getreidedrinks zwar teilweise angegeben, aber nach Ansicht
der Verbraucherzentralen nicht einmal zutreffend.
Der natürliche Zuckergehalt von Getreide (etwa Hafer)
liegt nämlich bei einem Prozent und steigt erst durch
die Verarbeitung rasant an. Gegen diese Werbung ist
rechtlich schwer vorzugehen, und es ist zu befürchten,
dass dieser Trick sich weiterverbreitet, zum Beispiel
bei Erfrischungsgetränken.

Das fordern die Verbraucherzentralen

- Wenn Produkte mit der Angabe „ohne Zuckerzusatz" von Natur aus Zucker enthalten, sollte der
  Hinweis darauf in unmittelbarer Nähe der Werbeaussage verpflichtend sein.
- Verbraucher müssen bei Getreidedrinks & Co. auf
  einen Blick erkennen können, dass Zucker produkti-
  onsbedingt entstanden ist.
- Nährwertangaben zu Zucker müssen so erfolgen,
  dass sie von Verbrauchern schnell erfasst und bewertet werden können (siehe Seite 150, Nährwert-
  Ampel).

Schwer angeschmiert mit „leicht"

Angaben wie **„leicht" oder „light"** führen ebenfalls immer wieder zu Missverständnissen, denn sie bedeuten nicht unbedingt „kalorienarm". Der Verordnungstext sagt dazu, dass „leicht" nichts anderes bedeutet als „reduziert", wobei ein Hinweis auf die Eigenschaften erfolgen muss, die das Lebensmittel „leicht" machen. Für „reduziert"-Angaben gilt, dass der betreffende Nährstoff oder der Energiegehalt gegenüber einem gleichartigen Produkt um mindestens 30 Prozent verringert sein muss; bei Salz genügen 25 Prozent und bei Mikronährstoffen wie Eisen zehn Prozent.

Kartoffelchips „light" könnten demnach beispielsweise 30 Prozent weniger Fett oder 30 Prozent weniger Kalorien oder aber auch 25 Prozent weniger Salz enthalten. Echte Kalorien-, Zucker- oder Fettbomben werden aber in der Light-Variante noch nicht wesentlich entschärft: Beispielsweise sind die *Be Light Kartoffelchips* von Aldi Süd zwar um 30 Prozent fettreduziert, sie liefern aber pro 100 Gramm immer noch 494 Kilokalorien. Von Genuss „ohne Reue" kann da nicht die Rede sein!

Durchschnittliche Nährwerte		
	Pro 100 g	1 Portion (30 g)
Brennwert	2076 kJ 496 kcal	623 kJ 149 kcal
Eiweiß	7,0 g	2,1 g
Kohlenhydrate	61,0 g	18,3 g
davon Zucker	3,0 g	0,9 g
Fett	24,0 g	7,2 g
davon gesättigte Fettsäuren	1,9 g	0,6 g
Ballaststoffe	4,0 g	1,2 g
Natrium	0,7 g	0,2 g

Stand: 03/2013

Diese Regelungen sind für Hersteller wie geschaffen, um Kalorienbomben als „leicht" verkaufen zu können – hier sind Missverständnisse schon vorprogrammiert.

■ Der *Joghurt mit der Buttermilch* der Firma Müller wirbt mit den Angaben **„1 % Fett" und „Frisch & leicht durch Buttermilch"**. Wer aber glaubt, dass es sich dabei um ein kalorienreduziertes Produkt handelt, irrt sich gewaltig: Mit 92 Kilokalorien pro 100 Gramm liefert der Joghurt mehr Kalorien als ein normaler fettarmer Fruchtjoghurt mit durchschnittlich 80 Kilokalorien pro 100 Gramm. Der Energiegehalt kommt durch den hohen Zuckeranteil zustande.

Stand: 03/2015

■ Das Produkt *Nesquik* von Nestlé gibt es als Variante **„– 30 Prozent Zucker"**. Auch hier bedeutet eingesparter Zucker nicht gleichzeitig auch ein Minus an Kalorien.

Stand: 03/2015

Nährwerte pro 100 g durchschnittlich:

Brennwert	2451 kJ / 596 kcal
Eiweiß	1,3 g
Kohlenhydrate	1,4 g
Fett	65 g

Stand: 03/2013

■ Die Meggle *Joghurt-Butter* verspricht **„Joghurt-leich-ten Butter-Genuss"**. Die Anforderung an die Angabe „leicht" erfüllt sie jedoch laut Kennzeichnung auf der Verpackung nicht: Statt 30 Prozent enthält sie nur 20 Prozent weniger Fett.

[] **Tipp**

Die Angabe „leicht" oder „light" kann für unterschiedliche Eigenschaften eines Produkts stehen. Auf der Verpackung muss hingewiesen werden, worauf sie sich bezieht.

Wenn weniger Zucker oder Fett verwendet wurden, ist nicht automatisch der Energiegehalt wesentlich geringer. Schauen Sie genau auf die Kalorien- und Nährwertangaben – es lohnt sich! Vergleichen Sie ähnliche Produkte.

Auch die Zutatenliste kann aufschlussreich sein: Light-Lebensmittel enthalten meist mehr Zusatzstoffe als die „normalen" Produkte, zum Beispiel Bindemittel und Emulgatoren, um das kalorienreduzierende zugesetzte Wasser „schnittfest zu machen". Und obendrein müssen Sie meist mehr Geld für die vermeintlichen Leicht-Alternativen bezahlen!

Gesundheitsslogans – massenweise!

Bei den gesundheitsbezogenen Angaben für Lebensmittel sieht der aktuelle Stand der Health-
Claims-Verordnung weit schlechter aus als bei den
Nährwert-Claims (siehe Seite 133). Von der Flut an Ge-
sundheitsslogans, die die Hersteller eingereicht hatten, nahm die EFSA seit 2008 über 4.000 unterschiedliche Werbeversprechen in Augenschein und wertete
dazu unzählige Studien aus. Etwa 1.600 Slogans
lehnten die Experten ab – zum Beispiel, dass Cran-
berry die Blasengesundheit fördert, Acerola vor freien
Radikalen schützt oder Apfelessig hilft, das Körper-
gewicht zu normalisieren. Diese Claims konnten nicht
ausreichend wissenschaftlich belegt werden. Weitere
rund 250 Angaben sind inzwischen per Verordnung der
EU-Kommission offiziell zugelassen. Es handelt sich
dabei hauptsächlich um Aussagen zu Nährstoffen wie
Vitaminen, Mineralstoffen und Spurenelementen. Über
2.000 Claims zu Pflanzenstoffen sind noch nicht bewertet. Im Streitfall ist die Rechtslage dadurch in vielen
Fällen noch ungeklärt.

Zugelassen sind zum Beispiel die Angaben:

- Folat (ein B-Vitamin) trägt zu einer normalen Blut-
  bildung bei.
- Jod trägt zu einem normalen Energiestoffwechsel
  bei.
- Vitamin A trägt zur Erhaltung einer normalen Seh-
  kraft bei.
- Vitamin C trägt zu einer normalen Funktion des
  Immunsystems bei.

Diese nunmehr zugelassenen Angaben sind nicht sehr werbewirksam formuliert. Hersteller dürfen von diesem vorgegebenen Wortlaut aber abweichen, sofern die Angabe für den Verbraucher voraussichtlich dieselbe Bedeutung hat. Das wird nicht immer leicht zu beurteilen sein: Für Vitamin C entspricht zum Beispiel die Werbung „unterstützt das Immunsystem" im Wesentlichen noch der zugelassenen Angabe (siehe oben). Die Formulierung „fördert die Abwehrkräfte" ist nach Ansicht der Verbraucherzentralen aber schon unzulässig. Diese Entscheidungen sind im Zweifelsfall in aufwändigen Gerichtsverfahren zu klären.

Es zeichnet sich ab, dass Hersteller solche Interpretationsspielräume und Schlupflöcher der Health-Claims-Verordnung verstärkt nutzen. Das untermauern die Ergebnisse eines Marktchecks der Verbraucherzentralen vom Frühjahr 2014. Rund 50 mit Gesundheitsangaben aufgepeppte Produkte aus Deutschlands Supermärkten wurden daraufhin geprüft, ob die ausgelobten Werbeversprechen zulässig sind. Ernüchterndes Ergebnis: Bei knapp der Hälfte der untersuchten Lebensmittel lag eine nicht tolerierbare Verstärkung der zugelassenen Aussagen vor. Über 40 Prozent der Produkte wiesen Werbeaussagen auf, die aus Sicht der Verbraucherzentralen nicht zugelassen sind. Beispielsweise wurden probiotische Keime für ein „gesundes Wachstum" ausgelobt, obwohl dafür kein Claim erlaubt ist.

Nach wie vor verpassen Hersteller auch besonders süßen, fetthaltigen oder salzigen Lebensmitteln durch Zugabe von Vitaminen und Mineralstoffen zu Unrecht ein gesundes Image. Fast jedes dritte Produkt im Test enthielt zu viel Zucker oder Fett, um aus Sicht der Verbraucherzentralen auf dem Etikett gesundheitsbezogene Aussagen zu deklarieren. So prangte auf einer Kinderwurst, die zu 25 Prozent aus Fett bestand, der

Hinweis „Calcium wird für die Erhaltung normaler Knochen und Zähne benötigt". Die Verbraucherzentralen haben einige Hersteller auf Unterlassung falscher oder unzulässig verstärkter Claims abgemahnt.

Ein weiterer Trick der Hersteller: Sie suchen sich aus der langen Liste der erlaubten Aussagen solche aus, die zur ursprünglich von ihnen verwendeten, inzwischen aber verbotenen Werbeaussage passen. Dann setzten sie ihrem Produkt den entsprechenden Nährstoff zu – und werben weiter wie zuvor. Dazu ein Beispiel: Für Nahrungsergänzungsmittel mit Cranberry-Extrakten ist eine Werbung mit „Blasengesundheit" nicht mehr erlaubt. Firmen peppen ihre Produkte nun kurzerhand mit Nährstoffen wie Vitamin C und Selen auf und werben dann etwa so: „Für den Zellschutz einer gesunden Blase". Es bleibt abzuwarten, ob solchen Praktiken in Zukunft rechtlich ein Riegel vorgeschoben wird.

Verbraucherfreundliche Gerichtsurteile gibt es zu dieser Werbemasche bereits, beispielsweise zu zwei Ginkgo-Produkten. Die Anbieter hoben Ginkgo durch Bild und Bezeichnung auf ihren Produkten hervor und bewarben gleichzeitig B-Vitamine „für Gehirn, Nerven, Konzentration und Gedächtnis". Das Landgericht Hamburg beurteilte dies als irreführend, da die Gefahr besteht, dass Verbraucher die ausgelobten Wirkungen maßgeblich dem hervorgehobenen Hauptinhaltsstoff Ginkgo zuschreiben. Eines der beiden Urteile ist bereits rechtskräftig, bei dem anderen läuft noch ein Berufungsverfahren.

Exkurs: Pillen, Pulver & Co. – Arznei oder Lebensmittel?

Nahrungsergänzungsmittel (NEM) bilden die Lebensmittelgruppe, die am meisten mit Nährwert- und Gesundheitsversprechen beworben wird. Aber auch die NEM-Claims unterliegen der Health-Claims-Verordnung und Hersteller dürfen nur zugelassene Angaben verwenden.

Die Gesundheitsregale vieler Drogeriemärkte bersten fast von einer verwirrenden Vielfalt an Pillen, Pulvern, Tropfen oder Tees, die Krankheiten behandeln oder die Gesundheit fördern sollen. Was viele Kunden nicht wissen: Häufig sind hier Nahrungsergänzungsmittel und frei verkäufliche Arzneimittel bunt gemischt nebeneinander platziert. Dabei ist es gut, die Unterschiede zu kennen: Medikamente dienen der Heilung und Verhütung von Krankheiten und unterliegen dem Arzneimittelrecht. Nahrungsergänzungsmittel hingegen gehören zu den Lebensmitteln. Sie sind keine Medikamente und lediglich dazu bestimmt, die Ernährung zu ergänzen – auch wenn sie in arzneimitteltypischer Form wie zum Beispiel Pillen oder Kapseln angeboten werden. Im Gegensatz zu Arzneimitteln durchlaufen Nahrungsergänzungsmittel kein gesetzlich vorgeschriebenes Zulassungsverfahren, bei dem die Wirksamkeit und Unschädlichkeit geprüft wird.

Allerdings müssen die für alle Lebensmittel geltenden Pflichtkennzeichnungen sowie einige spezielle Angaben auf der Verpackung von Nahrungsergänzungsmitteln stehen:

■ Die **Bezeichnung** enthält den Begriff „Nahrungsergänzungsmittel" und nennt die charakteristischen Nährstoffe, zum Beispiel „mit Calcium und Vitamin D".

- Eine **Nährwertkennzeichnung** ist verpflichtend. Bei Vitaminen und Mineralstoffen weist sie die Zufuhrempfehlung in Prozent pro Tagesmenge aus und enthält eine Angabe zur empfohlenen täglichen Verzehrmenge.
- Ein **Warnhinweis**: „Die angegebene empfohlene tägliche Verzehrmenge darf nicht überschritten werden."
- Es erfolgt zusätzlich ein Hinweis, dass Nahrungsergänzungsmittel kein Ersatz für eine ausgewogene Ernährung sind.
- Ein Hinweis, dass die Produkte außerhalb der Reichweite von Kindern zu lagern sind.

Nährwertkennzeichnung – Anbieter geizen mit Angaben

Zahlreiche Anfragen zeigen, dass Verbraucher Nährwertinformationen auf Lebensmitteln erwarten und diese oftmals auch für eine Pflichtkennzeichnung halten. Doch das ist leider immer noch nicht der Fall. Erst ab Mitte Dezember 2016 müssen Nährwertkennzeichnungen auf nahezu allen fertig verpackten Lebensmitteln stehen; bis dahin sind sie grundsätzlich freiwillig.

Gesetzlich vorgeschrieben ist die Nährwertkennzeichnung aber auf Lebensmitteln mit nährwertbezogener oder gesundheitsbezogener Werbung. Auch auf Lebensmitteln für besondere Ernährungszwecke (wie Säuglingsnahrung) und auf angereicherten Lebensmitteln ist sie Pflicht.

Nährwertkennzeichnung:
So muss sie aussehen

Wie die Nährwertkennzeichnung – egal ob verpflichtend oder freiwillig – zu erfolgen hat, regelt die EU-Lebensmittelinformationsverordnung:

Vorgeschrieben ist die Form einer Tabelle, in der sich die Angaben auf 100 Gramm oder 100 Milliliter eines Lebensmittels beziehen. Nur bei Platzmangel können die Nährwerte auch hintereinander aufgeführt werden.

Vorgeschrieben ist die Kennzeichnung der „Big 7“:

- Brennwert/Energiegehalt
- Fett
- Gesättigte Fettsäuren
- Kohlenhydrate
- Zucker
- Eiweiß
- Salz

Big 7 Nährwert-kennzeichnung

Durchschnittliche Nährwerte			
	Je 100 g	1 Stück (33 g)**	% (33 g)*
Brennwert	1589 kJ / 377 kcal	524 kJ / 125 kcal	6 %
Fett	9,9 g	3,3 g	5 %
- davon gesättigte Fettsäuren	2,2 g	0,7 g	4 %
Kohlenhydrate	61,7 g	20,4 g	8 %
- davon Zucker	39,2 g	12,9 g	14 %
Eiweiß	8,4 g	2,8 g	6 %
Salz	0,75 g	0,25 g	4 %

*Referenzmenge für einen durchschnittlichen Erwachsenen (8.400 kJ / 2.000 kcal). **1 Portion = 1 Stück (33 g) Oblaten-Lebkuchen. Die Packung enthält ≈ 18 Portionen.

Zusätzlich dürfen die folgenden Inhaltsstoffe gekennzeichnet werden:

- einfach ungesättigte Fettsäuren
- mehrfach ungesättigte Fettsäuren
- mehrwertige Alkohole (Zuckeraustauschstoffe wie Sorbit)
- Stärke
- Ballaststoffe
- Vitamine und Mineralstoffe

Angaben zu Vitaminen und Mineralstoffen dürfen nur erfolgen, wenn diese „in signifikanten Mengen" enthalten sind – das sind in der Regel mindestens 15 Prozent der empfohlenen Tagesdosis in 100 Gramm oder 100 Millilitern. Zusätzlich muss bei Vitaminen und Mineralstoffen der prozentuale Anteil des Nährstoffs an der empfohlen Tagesdosis, der so genannten Referenzmenge, angegeben werden.

Weiterhin gibt es noch eine Reihe von Regelungen für zusätzliche Angaben:

Ergänzend zur Deklaration der Nährwerte pro 100 Gramm oder 100 Milliliter kann der Hersteller diese auch pro Portion angeben. Die Größe einer Portion legt er dabei selbst fest.

Außerdem dürfen auch bei den „Big 7" die prozentualen Anteile von Energie und Nährstoffen an den Referenzmengen gekennzeichnet werden. Dann ist die Erklärung „Referenzmenge für einen durchschnittlichen Erwachsenen (8400kJ/2000kcal)" verpflichtend. Zusätzlich zur vorgeschriebenen Tabellenform dürfen Lebensmittelhersteller die wichtigsten Angaben – Energie, Fett, gesättigte Fettsäuren, Zucker und Salz (Natrium) – auch in einer Grafik darstellen, zum Beispiel in

Form von „Tönnchen". Sie soll Verbrauchern verständlichere Informationen über den Kaloriengehalt und die Menge der wichtigsten Nährstoffe geben. Die Angaben dürfen sich auf eine Portion beziehen. Dann muss der Brennwert aber zusätzlich für 100 Gramm oder 100 Milliliter gekennzeichnet sein.

Per 100 g	Pro Scheibe (7 g)				
Brennwert **1611** kJ **380** kcal	Brennwert **113** kJ **27** kcal	Fett **0,1 g**	gesättigte Fettsäuren **0,0 g**	Zucker **0,4 g**	Salz **0,10g**
19%	1%	0%	0%	0%	2%

% der Referenzmenge für einen durchschnittlichen Erwachsenen (8400 kJ / 2000 kcal).

Diese Packung enthält ca. 21 Scheiben

Brennwert pro 100 g:
371 kcal / 1553 kJ

Ampel-Kennzeichnung der Verbraucherzentralen

Das fordern die Verbraucherzentralen

Eine einfache, auf einen Blick erkennbare Nährwertkennzeichnung gehört auf die Vorderseite von Produktverpackungen: die „Nährwert-Ampel". Anhand der Signalfarben Rot, Gelb und Grün lässt sich unmittelbar erkennen, ob beispielsweise Pizzen, Schokoriegel und Co. zu zucker- oder fettreich sind. Die Ampel hilft dabei, Produkte untereinander zu vergleichen und beispielsweise das zucker- und fettärmere auszuwählen. Andere grafische Darstellungen erfüllen diese Anforderungen oftmals nicht und können zu Missverständnissen führen. Bei den Portionsgrößen wird häufig getrickst, indem Anbieter willkürlich unrealistisch kleine Portionen angeben. Außerdem ist die tolerierbare tägliche Verzehrmenge von Zucker sehr hoch angesetzt. Zuckerreiches erscheint so gesünder.

Nährwertprofile: immer noch in weiter Ferne

Ein Kernstück der Health-Claims-Verordnung (siehe
Seite 130) fehlt noch: die **Nährwertprofile**. Sie sollen
Höchstwerte für den Zucker-, Fett- und Salzgehalt bestimmter Lebensmittelgruppen festlegen. Nur wenn
diese Werte eingehalten werden, soll nährwert- oder
gesundheitsbezogene Werbung auf der Verpackung
dieser Lebensmittel erlaubt sein. Nährwertprofile sollen also sicherstellen, dass aus gesundheitlicher Sicht
ungünstig zusammengesetzte Lebensmittel nicht als
gesund oder nährstoffreich beworben werden dürfen.
Auf zuckrigen Frühstücksflakes, fettreichen Kartoffelchips oder salzreichen Fertiggerichten wären gesundheitsbezogene und die meisten nährwertbezogenen
Angaben dann verboten. Laut Zeitplan sollte die Europäische Kommission die Nährstoffprofile bis Anfang
2009 festlegen. Doch durch den Einfluss der Lebensmittelindustrie liegt die Diskussion noch immer auf
Eis. Der EU-Kommission fehlt offenbar der Mut, diesen
wichtigen Teil der Verordnung umzusetzen. Die Verbraucherzentralen fordern seit Jahren, dass die ausstehenden Nährwertprofile endlich festgelegt werden.

Ein einziges klares Werbeverbot gibt es seit dem
Geltungsbeginn der Health-Claims-Verordnung: Für
alkoholhaltige Getränke ab 1,2 Volumenprozent sind
nährwert- und gesundheitsbezogene Angaben unzulässig. Ausgenommen sind nur Angaben, die sich auf
einen geringen oder reduzierten Alkoholgehalt oder
Brennwert beziehen.

Kindermilch, Bärchenwurst & Co. – für die Kleinen nur das Beste?

Kinder sind für die Food-Branche zu einer interessanten Zielgruppe geworden. Bereits die Sechs- bis Dreizehnjährigen verfügen dank Taschengeld und Geldgeschenken pro Jahr insgesamt über knapp fünf Milliarden Euro. Grund genug für die Lebensmittelindustrie, immer mehr „Kinderlebensmittel" speziell für diese Zielgruppe zu kreieren. Die Kinderprodukte haben lustige Namen, sind bunt und teilweise aufwändig verpackt und mit beliebten Comic-Helden, Stickern, Sammelfiguren, Rätseln und Gewinnspielen versehen. Die Produktwerbung in den Medien und auf speziellen Internetseiten der Hersteller richtet sich häufig direkt an die Kleinen.

In den Marketingstrategien gehen die Anbieter aber zweigleisig vor: So richten sie ihre Produktwerbung nicht nur an Kinder, sondern auch an Eltern und Großeltern. Um den Kleinen eine Freude zu bereiten oder lästiges Quengeln endlich zu beenden, landet denn so manches Produkt spontan im Einkaufskorb. Gleichzeitig überzeugen die Anbieter die Eltern vom besonderen Nährwert der Produkte und versprechen einen gesundheitlichen Zusatznutzen wie „starke Knochen" oder werben mit „gesunden Vitaminen". Das Konzept geht auf, denn nichts ist Eltern so wichtig wie die Gesundheit ihres Nachwuchses. Dafür sind sie auch bereit, mehr Geld zu zahlen – zumal die süßen Kinderdesserts, Smoothies im Quetschbeutel oder die Wurst in lustiger Bärchenform von den Kleinen besonders gerne gegessen werden.

Die „Extraportion" Milch, Vitamin C oder Omega-Fettsäuren und deren Bedeutung für verschiedenste Körperfunktionen der Kinder müssen herhalten, damit das Produkt mit gutem Gewissen gekauft wird. Dafür

werden viele Produkte unnötigerweise mit einem willkürlich zusammengemixten Cocktail an Nährstoffen
angereichert.

Sogar für Ein- bis Dreijährige hat die Food-Branche ein
neues Marktsegment kreiert. Die Hersteller von Baby-
nahrung umwerben die Eltern von Kleinkindern in den
letzten Jahren verstärkt mit Produkten wie Kleinkind-
milch, ganzen Menüs oder speziellen Müslis, Fruchtrie-
geln, Keksen und Säften. Die Produktlinien wie „Kleine
Entdecker" oder „Minis" sind weniger bunt, dafür aber
mit umso mehr Werbeaussagen versehen, die sich auf
den Nährwert oder deren vermeintliche gesundheitliche Vorteile beziehen.

Dass die Botschaft der Hersteller bei Eltern ankommt,
zeigt eine repräsentative Umfrage im Auftrag des
Verbraucherzentrale Bundesverbands: Rund 40 Prozent der Verbraucher gehen davon aus, dass Kinderlebensmittel im Zucker-, Fett- und Salzgehalt an die
Bedürfnisse von Kindern angepasst sind. Tatsächlich
sind Kinderlebensmittel aber häufig besonders süß,
fett- und salzreich. Sie entsprechen damit – entgegen
der Werbung der Hersteller – selten dem ernährungs-
physiologischen Bedarf von Kindern, sondern vielmehr
ihren geschmacklichen Vorlieben und ihrer Erlebnis-
welt. Denn viele Hersteller interessiert es nicht, ob ihre
angepriesenen Kinderlebensmittel auch zum Bedarf
der Kinder passen: Schmecken soll's den Kleinen. Also
muss es süß sein! Und Aromen sind wichtig – also
weg mit den „lästigen" Obststückchen im Joghurt, die
Kinder möglicherweise nicht mögen. Desserts wie Pud-
ding, Mischgetränke mit Milch, Frühstückscerealien
und Süßwaren aller Art sind typische Produktgruppen,
in denen sich spezielle Kinderlebensmittel finden.
Aber auch Tütensuppen, Nudelgerichte oder Wurst gehören zum Sortiment.

Dass Kinderlebensmittel keineswegs gesünder sein müssen, zeigen die Beispiele:

■ *Kellogg's Cornflakes* enthalten acht Prozent Zucker, das Kinderprodukt *Kellogg's Frosties* dagegen fast das Fünffache (37 Prozent)!

Stand: 05/2015

NÄHRWERT · VALEUR NUTRITIVE		
	pro 100 g par 100 g	pro Portion von 30 g par 30 g
Energie/ Valeur énergétique	1594 kJ 375 kcal	478 kJ 113 kcal
Fett/Lipides	0,6 g	0,2 g
davon gesättigte Fettsäuren/ dont acides gras saturés	0,1 g	0,03 g
Kohlenhydrate/ Glucides	87 g	26 g
davon Zucker/dont sucre	37 g	11 g
Ballaststoffe/ Fibres alimentaires	2 g	0,6 g
Eiweiß/Protéines	4,5 g	1,4 g
Salz/Sel	0,88 g	0,26 g

kinder Schokolade enthält im Durchschnitt		je 100 g	je Riegel (12,5 g)	GDA* je Riegel
Energiewert kJ / kcal		2352 / 564	296 / 71	4 %
Eiweiß	g	8,7	1,1	2 %
Kohlenhydrate	g	53,5	6,7	2 %
davon Zucker	g	53	6,6	7 %
Fett	g	34,8	4,4	6 %
davon gesättigte Fettsäuren	g	22,6	2,8	14 %
Ballaststoffe	g	0,9	0,1	0 %
Natrium	g	0,123	0,015	1 %

*GDA: Richtwert für die Tageszufuhr (guideline daily amount) eines Erwachsenen basierend auf einer Ernährung mit durchschnittlich 2.000 kcal. Der Bedarf an Nährstoffen kann nach Geschlecht, Alter, körperlicher Aktivität und anderen Faktoren höher oder niedriger sein.

FERRERO D-60624 Frankfurt/Main

INSTITUT FRESENIUS QUALITÄTS KONTROLLE Im Auftrag von Ferrero – Regelmäßig getestet von staatlich geprüften Lebensmittelchemikern

■ *Kinderschokolade* von Ferrero liefert mehr Kalorien (564 kcal/100g) und Fett (34,8 Gramm Fett pro 100) als Vollmilchschokolade mit beispielsweise 530 Kilokalorien und 29,5 Gramm Fett pro 100 Gramm.

Stand: 04/2013

- *Fruchtzwerge* enthalten 2,9 Prozent Fett und 13 Prozent Zucker, Fruchtquark aus Magerquark dagegen durchschnittlich nur 0,2 Prozent Fett und 10 Prozent Zucker.

Stand: 03/2015

Werbeaussagen, die sich auf die Entwicklung und Gesundheit von Kindern beziehen, sind besonders streng geregelt. Die allgemeine Liste der zugelassenen Health Claims gilt hierbei nicht. Stattdessen müssen gesundheitsbezogene Angaben für diesen Zweck einzeln zugelassen werden.

[] **Tipp**

Achten Sie bei „Kinder-Produkten" auf die Nährwertkennzeichnung und vergleichen Sie diese mit „normalen" Lebensmitteln. Auf eine Extra-Portion Zucker und
Fett kann Ihr Kind gut verzichten.
Wenn Nährwerte oder Wirkungen auf die Gesundheit beworben werden, beziehen sich diese oft auf
zugesetzte Nährstoffe, die Kinder in der Regel nicht
benötigen. Auf der Zutatenliste steht, ob und welche
Nährstoffe zugesetzt wurden.
Mit Nährstoffcocktails angereicherte Produkte oder gar
Nahrungsergänzungsmittel für Kinder sind bestenfalls
überflüssig. Eine ausgewogene Ernährung liefert Ihrem
Sprössling alle notwendigen Nährstoffe.

Rechtlicher Hintergrund: Kinderlebens-mittel – Kleinkinder-Lebensmittel

Spezielle Lebensmittel für Kinder sind überflüssig.
Etwa ab dem ersten Lebensjahr sollen die Kleinen an
der Familienkost teilhaben – ohne Extra-Würste. Der
Begriff „Kinderlebensmittel" taucht im Lebensmittelrecht nicht auf; es gibt keine speziellen Regelungen –
die Produkte müssen nur die allgemeinen Rechtsvorgaben einhalten, die für alle vergleichbaren Lebensmittel gelten.

Spezielle Vorschriften gibt es aber für Säuglingsnah-
rungen und Beikost wie Gläschen und Breie sowie für
sogenannte Kleinkinder-Lebensmittel, die sich laut
Angabe an Kinder zwischen ein bis drei Jahren richten.
Sie zählen zu den diätetischen Lebensmitteln und
sind in der Diätverordnung geregelt: Alle Arten von
Säuglingsnahrung und Beikost müssen Anforderungen

hinsichtlich Zusammensetzung, Kennzeichnung und Bewerbung erfüllen. So ist Säuglingsanfangsnahrung als Ersatzprodukt für Muttermilch auf die speziellen Ernährungsbedürfnisse von Babys abgestimmt. Außerdem gelten strenge Grenzwerte für Rückstände von Pestiziden und Schadstoffen. Weitere Bestimmungen für sonstige, nicht näher definierte Produkte für Säuglinge und Kleinkinder und Ausnahmeregelungen in der Diätverordnung machen die Rechtslage kompliziert. Aus medizinisch-ernährungswissenschaftlicher Sicht gibt es keine plausible Begründung, gesunde Ein- bis Dreijährige mit diätetischen Lebensmitteln zu versorgen. Eine Spezialkost ist nicht erforderlich.

Zu viel des Guten?

Wer sich ausgewogen ernährt, braucht keinerlei Lebensmittel, die mit Nährstoffen angereichert wurden. Wenn immer mehr Hersteller ihre Produkte mit Nährstoffcocktails anreichern, um sie positiv bewerben zu können, ist eine Überversorgung mit bestimmten Substanzen nicht mehr auszuschließen.

Für die zugelassenen Claims bewertete die Europäische Behörde für Lebensmittelsicherheit (EFSA) ausschließlich die wissenschaftlich nachgewiesene Wirksamkeit von Inhaltsstoffen und Lebensmitteln. Es gab keine gleichzeitige Risikobewertung in Sachen „Überdosierung". Dies könnte besonders bei den noch ausstehenden Claims für Pflanzenstoffe negative Auswirkungen haben, denn wenn eine Substanz nachweislich wirksam ist, kann sie auch Nebenwirkungen entfalten. Hier besteht ein dringender Regelungsbedarf!

! Achtung

Warum Sie auf angereicherte Lebensmittel verzichten sollten:

- Es gibt bisher keine vorgeschriebenen Höchstmengen für die Anreicherung mit Vitaminen und Mineralstoffen in Lebensmitteln.
- Hersteller setzen ihren Produkten häufig mehr Vitamine zu, als auf der Verpackung deklariert ist, damit die Produkte auch bis zum Ablauf des Mindesthaltbarkeitsdatums noch die entsprechende Vitaminmenge enthalten.
- Es gibt zunehmend Hinweise, dass eine überhöhte Zufuhr an bestimmten Vitaminen und Mineralstoffen, zum Beispiel Folsäure und Eisen, gesundheitlich riskant ist.
- Gerade gesundheitsbewusste Menschen können durch die Werbung verleitet werden, mit angereicherten Lebensmitteln ein Vielfaches der empfohlenen Tagesdosis an Nährstoffen aufzunehmen oder ihren Kindern anzubieten.

Schlupfloch „Ausnahme" – wie viele Lebensmittel eine Zutatenliste umgehen

Sie werden es schon bemerkt haben – unser Tipp Nummer eins bei der Auswahl von zusammengesetzten, fertig verpackten Lebensmitteln ist: Zutatenliste lesen! Die allermeisten Tricks und Täuschungsversuche kommen dadurch ans Licht. Aber wie informieren Sie sich, wenn auf bestimmten Lebensmitteln eine Zutatenliste ganz offiziell fehlen darf? Diese Ausnahmeregelungen sind ärgerlich für Käufer und zudem vielfach nicht nachvollziehbar.

Die Zutatenliste auf der Verpackung von zusammengesetzten, fertig verpackten Lebensmitteln ist nach dem Gewichtsanteil der Zutaten sortiert. Die Zutat, die den Hauptbestandteil bildet, steht an erster Stelle. Lesen Sie die ersten zwei bis drei Zutaten, dann wissen Sie, woraus das Produkt im Wesentlichen besteht. Außerdem können Sie anhand der Position in der Liste die Menge einzelner Zutaten abschätzen: Zutaten, die relativ weit hinten im Zutatenverzeichnis stehen, zum Beispiel zwischen Gewürzen, Zusatzstoffen und Aroma, sind nur in geringer Menge vorhanden. Ein Anhaltspunkt kann beispielsweise sein, an welcher Stelle Zucker oder Fett stehen. Bei einer Nougatcreme beginnt die Zutatenliste häufig mit Zucker, pflanzlichem Fett und Haselnüssen – korrekter wäre also die Bezeichnung „Zucker-Fett-Creme".

Stand: 02/2015

Zutaten: Zucker, Palmöl, **Haselnüsse** (13 %), fettarmer Kakao, **Magermilchpulver** (7,5 %), Emulgator Lecithine **(Soja)**, Vanillin.

„Unser Produkt ist zu klein!"

Klingt logisch – wo kein Platz ist, kann auch nichts aufgedruckt werden. Die EU-Lebensmittelinformationsverordnung (LMIV) befreit Erzeugnisse vom verpflichtenden Zutatenverzeichnis, wenn deren größte Einzelfläche kleiner als zehn Quadratzentimeter ist. Stellen wir uns ein Produkt in Form einer Tablettenschachtel mit einer Einzelfläche von knapp fünf mal zwei Zentimetern vor. Darauf wird es dann zugegebenermaßen schon eng. Aber:

- Häufig ist auf solchen Verpackungen noch ausreichend Platz für einen relativ groß gedruckten Produktnamen, für Abbildungen und Werbebotschaften. Ein bisschen weniger Werbung und etwas mehr Information wäre eine gute Maßnahme;
- Zutatenlisten werden oft auch ohne Platznot gerne auf einer Minimalfläche zusammengepfercht. Das *fix & frisch Kartoffel-Gratin* von Maggi braucht bei der größten Einzelfläche von 12,5 mal 14,5 Zentimetern – also stolzen 180 Quadratzentimetern – gerade mal 5,4 Quadratzentimeter für die Zutatenliste. Die Zutatenliste der Sauce Hollandaise von Thomy mit einer Einzelfläche von 77 Quadratzentimetern „opfert" dem Verzeichnis weniger als ein Zehntel der Fläche. Die *Salatkrönung* von Knorr, die mit 80 Quadratzentimetern ebenfalls noch lange nicht unter die Ausnahmeregelung fällt, gönnt der Zutatenliste gut sieben Quadratzentimeter.

Fakt ist: Auf viele kleine Verpackungen passt sehr wohl noch eine Zutatenliste. Manche Firmen nutzen die Ausnahmeregelung aber gerne, um die Zutatenliste unter den Tisch fallen zu lassen.

Allerdings können sie sich nicht mehr komplett entspannt zurücklehnen, denn es gibt in der neuen Verordnung eine Voraussetzung für die Befreiung von der Zutatenliste: Die Angaben im Zutatenverzeichnis „sind

Zutatenliste trotz ausreichendem Platz auf minimaler Fläche; Bilder oben Stand: 05/2015; Bild links und rechts unten: Stand: 03/2015

auf andere Weise zu machen oder dem Verbraucher auf Wunsch zur Verfügung zu stellen". Wie diese Information aussehen soll, ist noch unklar. Es wäre beispielsweise möglich, dass der Händler einen Ordner mit sämtlichen fehlenden Zutatenlisten auf Wunsch zur Einsicht bereitstellt. Nach einer praktikablen Lösung hört sich das allerdings nicht an. Vielleicht werden Firmen dazu übergehen, die Zutatenliste per QR-Code zur Verfügung zu stellen. Dann ständen sie aber nur Verbrauchern mit der entsprechenden technischen Ausstattung zur Verfügung. Es bleibt abzuwarten, welche Lösungen sich durchsetzen werden.

[] Tipp

Urteilen Sie bei Kleinstverpackungen selbst: Hätte auf die kleine Verpackungsfläche sehr wohl noch ein Zutatenverzeichnis gepasst? Dann treten Sie in den „Kaufstreik" und schreiben dem Hersteller eine E-Mail. Unternehmen sollen endlich merken, dass Verbraucher keine „Black Box" kaufen wollen.

Hochprozentiges

Steigt der Alkoholgehalt in Getränken über 1,2 Volumenprozent, so dürfen das Zutatenverzeichnis und eine Nährwertangabe fehlen. Über deren Einführung wollte die EU-Kommission 2014 im Rahmen der LMIV entscheiden. Das ist bisher nicht geschehen. Bei knallbunten, geschmacksintensiven Likören würde es aber vermutlich etliche Käufer interessieren, welche Aromen, Farbstoffe und andere Zusatzstoffe das Getränk enthält. Die Deklarationspflicht ist aber sehr beschränkt: Einige Zusatzstoffe oder Zusatzstoffgruppen müssen aufgeführt werden, beispielsweise „mit Farbstoff" (siehe Seite 180). Was tatsächlich in der Flasche steckt, bleibt aber geheim.

Dabei sind gerade bei Likören und anderen Spirituosen die Qualitätsunterschiede groß. Es gibt durchaus Produkte, die ohne Farbstoffe und Aromen auskommen und deren Geschmack ausschließlich aus natürlichen Zutaten stammt. Man sollte sie deshalb auch erkennen können.

Biere dürfen sich übrigens nicht hinter der Ausnahmeregelung verstecken – sie müssen immer eine Zutatenliste tragen.

Milchprodukte und Käse

Auch Käse und Milchprodukte irritieren Kunden, denn auch auf diesen Produkten fehlt das Zutatenverzeichnis häufig.

Laut LMIV muss auf Käse, Butter, fermentierter Milch und Sahne kein Zutatenverzeichnis stehen, wenn sie nur die für die Herstellung notwendigen Zutaten enthalten. Das sind Milchinhaltsstoffe, Enzyme und Mikroorganismenkulturen und bei Käse – außer Frisch- oder Schmelzkäse – das notwendige Speisesalz.

Enthält beispielsweise ein Käse keine weiteren Zutaten – besteht er also nur aus den notwendigen Milchinhaltsstoffen, Enzymen, Mikroorganismen und Salz –, so suchen Sie das Zutatenverzeichnis vergeblich.

Solche Ausnahmeregelungen sind nicht nachvollziehbar. Für Käufer, die gewohnt sind, bei verarbeiteten Lebensmitteln nach dem Zutatenverzeichnis zu schauen, schaffen sie nur Verwirrung.

Keine Fertigpackung

Die meisten Kennzeichnungsvorschriften gelten nur für Fertigpackungen. Bei unverpackt verkauften Waren vom Bäcker, Fleischer, an Bedienungstheken und Marktständen fehlt nicht nur die Zutatenliste. Auch andere Kennzeichnungen sind nicht verpflichtend, die auf Fertigpackungen selbstverständlich sind.

In manchen Läden liegt ein Ordner aus oder er wird auf Wunsch zur Einsicht gegeben. Dort sind die Zutaten der einzelnen Produkte aufgeführt. Das ist aber ein freiwilliger Service, keine Verpflichtung.

Was allerdings auch bei loser Ware nicht fehlen darf, ist eine Information über die wichtigsten Allergene (siehe Seite 165). Weitere Kennzeichnungsregelungen für unverpackte Lebensmittel finden Sie ab Seite 178.

[] Tipp

Wenn Sie sich für die Zutaten von Brot, Fleisch oder anderen lose verkauften Lebensmitteln interessieren, fragen Sie das Personal an der Theke. Vielfach gibt es Ordner mit Informationen darüber, die aber nur auf Wunsch aus dem Regal gezogen werden. Und wenn es solche Informationen noch nicht gibt, haben Sie zumindest Ihr Interesse daran bekundet. Wenn viele Kunden diesen Wunsch äußern, hält der Anbieter vermutlich bald auch entsprechendes Informationsmaterial bereit.

Ungenaue Angaben

Reicht es Ihnen, wenn „Fisch", „Käse" oder „Kräuter"
in der Zutatenliste steht? Viele Verbraucher wollen
es genauer wissen und ärgern sich über diese „Klassennamen". Bei einer Reihe von Zutaten sind sie aber
zulässig. Vor allem die Folgenden halten die Verbraucherzentralen für zu pauschal.

Zugelassene Klassennamen laut Lebensmittelinformationsverordnung (Auswahl)

Klassenname	Wofür?
Öl, tierisch *oder* Fett, tierisch	raffinierte Öle oder Fette tierischer Herkunft
Fisch	Fisch aller Art, wenn Bezeichnung oder Aufmachung sich nicht auf eine bestimmte Fischart beziehen
Käse	Käse oder Käsemischungen aller Art, wenn Bezeichnung oder Aufmachung sich nicht auf eine bestimmte Käsesorte beziehen
Gewürz(e) *oder* Gewürzmischung	Gewürze jeder Art, sofern sie insgesamt nicht mehr als zwei Gewichtsprozent des Lebensmittels betragen
Kräuter *oder* Kräutermischung	Kräuter oder Kräuterteile jeder Art, sofern sie insgesamt nicht mehr als zwei Gewichtsprozent des Lebensmittels betragen
Wein	Wein jeder Art im Sinne der Vorschriften der Europäischen Union

Haupt-Allergene sind erkennbar

Auch wenn die Zutatenliste fehlen darf oder Klassenbezeichnungen für Zutaten verwendet werden, erfahren Sie als Käufer, wenn eines der folgenden Hauptallergene im Lebensmittel vorkommt:

- glutenhaltiges Getreide (Weizen, Roggen, Gerste, Hafer, Dinkel, Kamut oder Hybridstämme davon)
- Krebstiere
- Eier
- Fisch
- Erdnüsse
- Soja
- Milch und Milchprodukte (einschließlich Laktose)
- Schalenfrüchte (Mandel, Haselnuss, Walnuss, Cashew, Pecannuss, Paranuss, Pistazie, Macadamianuss und Queenslandnuss)
- Sellerie
- Senf
- Sesamsamen
- Schwefeldioxid und Sulfite in einer Konzentration von mehr als 10 mg/kg oder 10mg/l
- Lupinen
- Weichtiere

Zutatenliste mit neuer Allergenkennzeichnung

Zutaten: Stärke, Sonnenblumenöl, Jodsalz, **Milchzucker**, Glukosesirup, Zwiebeln, **Molkenerzeugnis**, **Milcheiweißerzeugnis**, Hefeextrakt, Aromen.

Diese Zutaten sind für 90 Prozent aller Lebensmittelunverträglichkeiten verantwortlich und deshalb grundsätzlich kennzeichnungspflichtig. Auch wenn sie gar nicht als Zutaten, sondern als Verarbeitungshilfsstoffe, Trägerstoffe für Zusatzstoffe oder Aromen oder als Lösungsmittel zum Einsatz kommen, müssen sie genannt werden, sofern sie nicht aus der Bezeichnung hervorgehen. Bei „Eierlikör" und „Frischkäse" ergeben sich die Hauptallergene „Ei" und „Milch" zum Beispiel direkt aus der Bezeichnung. Andere Allergene werden in der Zutatenliste genannt, zum Beispiel „Kräuter (Sellerie)",

„Stärke (Weizen)" oder „Emulgator Sojalecithin". Wenn das verpackte Lebensmittel keine Zutatenliste aufweist, erfolgt dennoch ein Hinweis „enthält...".

Seit dem 13. Dezember 2014 sollten Sie Informationen über Allergene auch beim Bäcker, an der Fleischtheke, in Restaurants und Kantinen und bei sonstigem Verkauf von unverpackten Lebensmitteln finden, denn inzwischen ist sie auch bei loser Ware vorgeschrieben. Die Information über die 14 wichtigsten Allergene kann mit einem Schild neben dem Lebensmittel erfolgen, über einen Aushang in der Verkaufsstätte oder durch eine sonstige schriftliche Information wie zum Beispiel durch einen ausliegenden Ordner. Aber auch eine mündliche Auskunft des Personals ist ausreichend. Voraussetzung ist in diesem Fall, dass eine schriftliche Information auf Nachfrage des Interessenten leicht zugänglich ist. Zudem muss im Verkaufsraum deutlich darauf hingewiesen werden, dass die Auskunft mündlich erfolgt und eine schriftliche Aufzeichnung auf Nachfrage eingesehen werden kann. Alles in allem eine halbherzige Lösung, die weiterhin Unsicherheiten schafft. Aus Sicht der Verbraucherzentralen sollte die Allergeninformation grundsätzlich schriftlich erfolgen. Wenn das nicht der Fall ist und Sie auf Nummer sicher gehen wollen, fragen Sie nach der schriftlichen Dokumentation. Diese darf man Ihnen nicht verweigern.

Hinweis: „Kann Spuren enthalten"

Die Allergenkennzeichnung bezieht sich ausschließlich auf Bestandteile, die absichtlich bei der Lebensmittelproduktion eingesetzt wurden. Für unbeabsichtigte Verunreinigungen mit Allergenen gibt es keine Kennzeichnungspflicht.

Kann Spuren von Gluten, Schalenfrüchten, Soja und Erdnüssen enthalten. Trocken lagern. Vor Wärme schützen.

Viele Hersteller geben aber freiwillig Hinweise wie „Kann Spuren von Nüssen enthalten". Denn wenn beispielsweise in einer Produktionsstätte von Süßwaren unter anderem Nüsse eingesetzt werden, können Spuren davon auch in Lebensmittel gelangen, die rezepturgemäß ohne Nüsse zubereitet werden – zum Beispiel in die Vollmilchschokolade. Wenn eine Firma darauf hinweist, schützt sie sich vor Haftungsansprüchen. Da diese Angaben freiwillig sind, können vergleichbare Produkte, die keinen Hinweis enthalten, also trotzdem Verunreinigungen mit Allergenen aufweisen. Umgekehrt wird als Vorsichtsmaßnahme manchmal eine lange Liste möglicher Allergenspuren aufgeführt, die deshalb nicht zwangsläufig enthalten sein müssen. Solche „Allergen-Listen" schränken wiederum Allergiker beim Einkauf unnötig ein und sind deshalb auch nicht wünschenswert. Klar und praxistauglich ist die „Spurenkennzeichnung" daher nicht. Die Kennzeichnung sollte rechtlich geregelt werden, damit sie für Verbraucher eine verlässliche Informationsquelle darstellt.

Das fordern die Verbraucherzentralen

- Zutatenlisten gehören auf jedes Lebensmittel. Ausnahmeregelungen sollten abgeschafft werden!
- Zutaten sollten sich nicht hinter Klassenbezeichnungen verstecken können, sondern klar benannt werden!
- Die Allergenkennzeichnung muss auch für lose Ware schriftlich erfolgen.
- Für Personal in Gastronomie und Handel sollte eine Schulungspflicht zu allergenen Zutaten und Verarbeitungshilfsstoffen bestehen. Sie ist wesentlich für den Schutz der Gäste.
- Allergiker benötigen verlässliche Informationen, auch bei unbeabsichtigtem Eintrag von Allergenen.

Luftnummern – von Mogelpackungen und Füllmengen

Wer hat sich nicht schon mal geärgert, wenn es für den angegebenen Preis weniger Inhalt gab, als die Verpackung versprach? Meldungen über zu wenig Verpackungsinhalt bei Lebensmitteln gehören zu den häufigsten Produktbeschwerden, die in den Verbraucherzentralen landen: Zum einen ist es „zu viel Luft" – die Verpackung ist viel größer als ihr Inhalt. Zum anderen ist es die aufgedruckte Füllmengenangabe, die beim Nachwiegen mit der eigenen Küchenwaage nicht mit dem tatsächlichen Inhalt übereinstimmt.

Mogelpackungen – zu viel Luft nach oben

Es ist schon ärgerlich, wenn Sie nach Ihrem Einkauf die Verpackung eines Lebensmittels öffnen – und den Inhalt erst mal suchen müssen. Um mehr Füllmenge vorzugaukeln, umgeben die Hersteller ihre Produkte gerne mit unverhältnismäßig viel Luft, operieren mit doppelten Böden, großen Deckeln, dicken Wandungen oder schlicht überdimensionierten Umkartons.

Auch ein Hinweis wie „Füllhöhe technisch bedingt" kann einen genervten Kunden kaum besänftigen – er fühlt sich einfach übers Ohr gehauen. So meldeten Verbraucher beispielsweise diese Lebensmittelverpackungen:

■ Die Osterhäschen von Lindt *(Goldhase)* stehen in der Verpackung auf einem von außen unsichtbaren „Podest", dadurch wirken sie deutlich größer als sie sind.

Stand: 04/2013

■ In der Teeschachtel von Shoti Maa hätten gut und gerne noch fünf weitere Teebeutel *Joyful Silence* Platz.

linkes Bild:
Stand: 04/2013;
rechtes Bild:
Stand: 03/2013

■ Die Dose *Crème Cappuccino* von Krüger ist nicht annähernd gefüllt.

Doch es gibt da aus Verbraucherschutzsicht ein Problem: Nicht jede übergroße Verpackung ist verboten. Zwar untersagen sowohl das Eichgesetz als auch das Lebensmittelrecht den Herstellern, Fertigpackungen mit irreführender Aufmachung über die enthaltene

Menge anzubieten. Das Gesetz enthält aber keine konkreten Regelungen, in welchem Verhältnis Inhalt und Verpackungsgröße zueinanderstehen dürfen. In der Beratungspraxis geht man meist von einer Täuschung des Kunden aus, wenn der Freiraum in einer Verpackung mehr als 30 Prozent beträgt.

Aber auch für diese Faustregel gibt es wieder Einschränkungen: Sie gilt nicht, wenn die Kundschaft mit einer übergroßen Verpackung rechnen muss, zum Beispiel bei Pralinenpackungen. Diese werden als Luxusartikel angesehen, bei denen größere Hohlräume toleriert werden, da Konfekt häufig durch Einsätze in der Verpackung vor Druck geschützt und optisch attraktiv präsentiert wird. Es darf entsprechend einer Richtlinie so verpackt sein, dass das Volumen der Verpackung sechsmal so groß ist wie das Gewicht der Praline! Wiegt das einzelne Konfektstück 10 Gramm, darf es von einer bis zu 60 Milliliter großen Verpackung umgeben sein.

Wenn Pralinen in einer klassischen Präsentpackung tatsächlich dekorativ angeordnet sind, lassen Sie sich das als Kunde vielleicht gefallen. Ersetzt aber eine einfache Pappschachtel die dekorative Pralinenverpackung, handelt es sich nach dieser Regelung eindeutig um eine „Luftnummer". Das sieht dann etwa so aus wie bei den *Organic Truffles* (siehe Abbildung rechts).

Stand: 03/2013

Besteht der Verdacht, dass es sich um eine Mogelpackung handelt, muss im Einzelfall geprüft werden, ob die Verpackung im rechtlichen Sinn als täuschend einzustufen ist. Für diese Prüfungen sind die Eichämter zuständig.

[] Tipp

Auch wenn keine echte Mogelpackung vorliegt: Machen Sie Ihrem Ärger Luft! Beschweren Sie sich beim Hersteller! Er soll wissen, dass er einen Kunden vergrault hat (siehe Seite 213 ff.).
Besonders dreiste Fälle können Sie der Stiftung Warentest melden (test@stiftung-warentest.de). In den Test-Heften werden regelmäßig Beschwerden über Mogelpackungen veröffentlicht.
Oder Sie wenden sich an die für Ihr Bundesland zuständige Eichbehörde (www.eichamt.de). Diese prüft bei Ihrer Beschwerde, ob eine unzulässige Mogelpackung vorliegt.

Weniger drin als draufsteht

Die Füllmenge – rechtlich als „Nettofüllmenge" bezeichnet – ist eine Pflichtangabe auf Lebensmittelverpackungen, damit Sie erfahren, wie viel Inhalt Sie für ihr Geld bekommen. Wie zahlreiche Anfragen an die Verbraucherzentrale zeigen, gehen Käufer dabei aber häufig von einer falschen Annahme aus: Sie sehen die angegebene Menge als verbindliche Zusage über den Inhalt an. Das ist naheliegend, denn der Kunde zahlt schließlich auch exakt – und nicht nur ungefähr – den angegebenen Preis.

Rechtlich sieht die Sache jedoch mal wieder anders aus: Hier wird die sogenannte **Nennfüllmenge,** die

auf der Verpackung angegeben ist, von der Füllmenge
unterschieden, die tatsächlich in einer Verpackung
steckt. Die Nennfüllmenge ist bei fertig verpackten
Lebensmitteln keine Garantie dafür, dass eine Verpackung genau diese angegebene Menge enthält. Innerhalb eines bestimmten Toleranzbereichs darf die Füllmenge nach unten und nach oben abweichen. Denn
laut der Fertigpackungsverordnung gilt für Fertigpackungen mit gleicher Nennfüllmenge das sogenannte
Mittelwertprinzip. Es besagt, dass die Nennfüllmenge
einer Charge zwar im Durchschnitt nicht unterschritten
werden darf, Abweichungen bei den einzelnen Verpackungen sind aber zulässig. In der Praxis heißt das
zum Beispiel: Tüten, die mit weniger Mehl unterfüllt
sind, sollen innerhalb eines Abfüllvorgangs durch eine
entsprechende Menge überfüllter Mehltüten wieder
ausgeglichen werden. Wie groß diese Abweichungen
sein dürfen, zeigt die Übersicht:

Nennfüllmenge in Gramm (g) oder Milliliter (ml)	Zulässige Minusabweichungen*	
	in %	in g oder ml
5 bis 50	9	–
50 bis 100	–	4,5
100 bis 200	4,5	–
200 bis 300	–	9
300 bis 500	3	–
500 bis 1000	–	15
1.000 bis 10.000	1,5	–

(* Fertigpackungsverordnung)

Bei einem Paket Kaffee mit einer angegebenen Nettofüllmenge von 500 Gramm dürfte die Abweichung
also bis zu drei Prozent betragen, das entspricht 15
Gramm.

Im Einzelfall – bei höchstens zwei Prozent der Produkte einer Charge – darf die Abweichung sogar bis maximal das Doppelte der in der Tabelle angegebenen Minusabweichung betragen.

Unverpacktes Brot muss ab einer Größe von 250 Gramm nach Gewicht verkauft werden. Die tolerierte Abweichung vom angegebenen Gewicht liegt doppelt so hoch wie bei den Fertigpackungen. Dabei gilt das Gewicht zum Zeitpunkt der Herstellung. Wenn das Brot nach der Herstellung austrocknet, kann es etwas an Gewicht verlieren. Das ist normal. Ein Brot, das ein Kilogramm wiegen soll, darf also nach der Herstellung auch 970 Gramm wiegen (2 mal 15 Gramm weniger) – immer vorausgesetzt, die Brote sind durchschnittlich tatsächlich ein Kilogramm schwer, dadurch, dass es auch entsprechend viele Brote gibt, die mehr als ein Kilogramm auf die Waage bringen.

Rechtliche Details zur Nettofüllmenge

Die Nettofüllmenge wird bei flüssigen Lebensmitteln in der Regel nach Volumen (in Liter oder Milliliter), bei allen anderen Lebensmitteln nach Gewicht (in Gramm oder Milligramm) angegeben. Nur bei wenigen Lebensmitteln darf die Angabe des Verpackungsinhaltes in Stück erfolgen.

Für einige Lebensmittelgruppen gibt es spezielle Regelungen. Hier die wichtigsten:

- Bei Milcherzeugnissen wie Joghurt oder Sauermilch wird die Füllmenge in Gewicht, aber bei Milchmischgetränken in Volumen (Liter, Milliliter) angegeben. Bei Buttermilcherzeugnissen ist beides möglich.

- Bei Speiseeis wird die Füllmenge ebenfalls in Volumen angegeben.
- Bei Fertigpackungen mit konzentrierten Suppen, Brühen, Braten-, Würz- und Salatsoßen steht auf der Verpackung die Menge der verzehrfertigen Zubereitung in Volumen. Auf einer Gemüsebrühe steht beispielsweise: „ergibt 12,5 Liter = 50 Teller" – einschließlich der empfohlenen Flüssigkeitsmenge.
- Bei Fertigpackungen mit Puddingpulver, Trockenerzeugnissen für Pürees, Klöße und ähnliche Beilagen wird die Menge der Flüssigkeit benannt, die zur Zubereitung erforderlich ist, Beispiel Puddingpulver: „für 500 ml Milch".
- Die Stückzahl darf zum Beispiel bei Zitronen, Avocados, Backoblaten, Kaugummi und Süßstofftabletten genannt werden.
- Bei festen Lebensmitteln in einer Aufgussflüssigkeit, zum Beispiel Gewürzgurken oder Erbsen in der Dose, ist neben der gesamten Füllmenge auch das Abtropfgewicht dieses Lebensmittels anzugeben, das übrig bleibt, wenn die Flüssigkeit abgegossen wurde.

Keine Füllmengenangabe ist beispielsweise erforderlich für abgepacktes Brot mit einem Gewicht von weniger als 250 Gramm und Speiseeis-Fertigpackungen mit einer Füllmenge bis zu 200 Milliliter.

Ob und in welchem Ausmaß tatsächlich eine unzulässige Unterfüllung vorliegt, können Sie mit Ihrer haushaltsüblichen (zu ungenauen!) Waage bloß grob schätzen. Nur das Eichamt kann ermitteln, ob eine Füllmenge zu beanstanden ist. Für alle Reklamationen, die zu gering befüllte Verpackungen betreffen, wenden Sie sich deshalb an die örtliche Eichbehörde (siehe Seite 218).

Vorsicht: versteckte Preiserhöhung!

Preiserhöhungen stoßen bei der Kundschaft nicht auf Begeisterung. Daher wenden Lebensmittelanbieter gerne einen Trick an, wie sie Käufer unbemerkt stärker zur Kasse bitten können: Sie verringern die Füllmengen, reduzieren aber im gleichen Zuge keineswegs den Preis. In der Food-Branche ist diese Strategie unter dem Begriff „Downsizing" bekannt. Wir nennen sie **versteckte Preiserhöhung**.

So stecken beispielsweise in der Packung *Finesse Schinken hauchzart* der Marke Herta von Nestlé inzwischen nur noch 100 statt zuvor 150 Gramm. Der Preis ist zudem leicht gestiegen.

Die Tüte ungeschwefelte Aprikosen der Eigenmarke *bleib gesund* von Rossmann wiegt im Januar 2015 nur noch 150 statt 200 Gramm, obwohl der Preis um 40 Cent gestiegen ist.

Die Firma Kölln hat bei gleichem Preis den Inhalt des Schoko Kirsch Müslis von 600 Gramm auf 500 Gramm reduziert. Die Packung ist flacher geworden, die Größe der Vorderseite, die im Regal zu sehen ist, blieb dagegen unverändert.

100-Gramm (oben) und 87-Gramm-Tafel (unten); Stand: 03/2013

Und die zum Produkt des Jahres 2014 gekürte Milka-Schokoladensorte *Alpenmilchschokolade & TUC Cracker* bringt bei gleichem Preis wie andere Sorten nur noch 87 Gramm auf die Waage.

Ein Gesetzesverstoß liegt bei der versteckten Preiserhöhung meist erst dann vor, wenn der Hersteller bei identischer Verpackungsgröße und unverändertem Verpackungsdesign die Füllmenge ohne einen Hinweis unmerklich reduziert hat. Dieser Hinweis kann sich

aber auch völlig „sachfremd" auf angebliche Qualitätsunterschiede beziehen. Um die faktische Preiserhöhung zu verschleiern, benutzen Hersteller gerne
lapidare Hinweise wie „neue Rezeptur" oder „bessere
Qualität". Oder sie führen eine neue Sorte ein, die
dann den Auftakt zur „Schwindsucht" bei den schon
bekannten Sorten bieten kann. Ob eine indirekte
Preiserhöhung rechtswidrig ist, muss daher immer im
Einzelfall geprüft werden.

Eine Steilvorlage für versteckte Preiserhöhungen
lieferte die Europäische Union der Food-Branche im
April 2009, als sie feste Verpackungsgrößen für viele
Lebensmittel abschaffte. Seitdem können Lebensmittelhersteller selbst entscheiden, in welcher Größe sie
Fertigpackungen anbieten wollen: Eine Tafel Schokolade muss nicht mehr 100 Gramm wiegen, das vertraute
Stück Butter keine 250 Gramm und Milch nicht mehr in
der Ein-Liter-Packung im Regal stehen.

[] Tipp

Kommt ein Produkt im neuen Design daher, wird eine
verbesserte Qualität beworben oder eine neue Sorte
eingeführt, sollten Sie misstrauisch sein und auf die
Füllmenge achten. Wenn Sie erst zu Hause bemerken,
dass in der „alten" Verpackung im Vorratsschrank bei
gleichem Preis mehr Inhalt steckt, können Sie beide
fotografieren und die Fotos an die Verbraucherzentrale
Hamburg (ernaehrung@vzhh.de) schicken. Ihr Fund wird
dort in einer Liste aller gemeldeten „geschrumpften"
Verpackungen veröffentlicht. Die Liste finden Sie auf der
Internetseite der Verbraucherzentrale Hamburg unter
www.vzhh.de, **Rubrik „Ernährung + Lebensmittel"**.
Beim Preisvergleich von Produkten mit unterschiedlicher
Füllmenge ist die Grundpreisangabe hilfreich (siehe
Seite 181).

Tappen im Dunkeln:
Kauf loser Lebensmittel

Solange Sie Lebensmittel fertig verpackt aus dem Supermarktregal wählen, sind Sie in Sachen Produktinformationen mit der vorgeschriebenen Kennzeichnung noch relativ gut bedient. Vielleicht kaufen Sie aber gerne Ihr Brot beim Bäcker um die Ecke, frisches Fleisch und Wurst an der Fleischtheke, Käse am Stück im Käseladen, Antipasti am Marktstand und Eis in der Eisdiele. Viele, die auf eine gute Produktqualität achten, bevorzugen „frische Lebensmittel" von den Bedienungstheken und sind auch bereit, dafür einen höheren Preis zu zahlen. Ob diese Einkaufsquellen aber tatsächlich eine bessere Qualität bieten, lässt sich für die Kundschaft kaum beurteilen und überprüfen. Hier ist Vertrauen gefragt und es hilft nur Nachfragen beim Verkäufer, denn bei lose verkauften Lebensmitteln bleiben die Informationen wegen lückenhafter Kennzeichnungsregeln größtenteils auf der Strecke.

Der Gesetzgeber geht davon aus, dass Ihnen das Personal hinter der Theke über die Zusammensetzung, Qualitätseigenschaften und Herkunft der angebotenen Lebensmittel Auskunft geben kann. Dabei können Sie aber Schiffbruch erleiden, denn Fachverkäufer und Fachverkäuferinnen sind hierzulande oft dünn gesät. Ungelernte Kräfte und Aushilfen kosten ein Unternehmen meist weniger. So können Sie in Bäckereien manchmal schon von Glück reden, wenn die Bedienung den Unterschied zwischen „Mehrkorn" und „Vollkorn" kennt oder über die Herstellungsverfahren der angebotenen Backwaren, wie die Sauerteigführung, Auskunft geben kann.

Besitzt die – oftmals höherpreisige – lose Ware nicht
die erhoffte Qualität, sind Ärger und Enttäuschung
umso größer. So meldete sich ein Käufer bei der Verbraucherzentrale, der regelmäßig Rote Grütze mit
Vanillesoße an einem kleinen Stand auf einem Wochen-
markt kaufte. Er ging davon aus, dass das Produkt vom
Anbieter selbst hergestellt wurde. Eines Tages sah er,
dass beides lediglich aus Plastikeimern mit einer anderen Firmenaufschrift in Portionsdöschen zum Sofortver-
zehr abgefüllt wurde. Kennzeichnung: Fehlanzeige. Zu
beanstanden ist das jedoch nicht, denn für lose Ware
bestehen nur wenige Kennzeichnungsregelungen.

Zusatzstoffe und Behandlungsverfahren

Zusatzstoffe oder bestimmte Behandlungsverfahren
müssen auch bei unverpackten Lebensmitteln angegeben werden. Hierfür gibt es für den Anbieter grundsätzlich zwei Möglichkeiten:

- Händler können eine umfassende Kennzeichnung
  wählen. In Form eines allgemein zugänglichen
  Buches, Ordners oder Aushangs müssen sie dann
  sämtliche Zusatzstoffe auflisten. Sie sind verpflichtet, an der Ware selbst oder durch einen Aushang
  auf dieses Verzeichnis hinzuweisen.
- Wählt der Händler stattdessen ein Schild an der
  Ware, muss er nur einige bestimmte Zusatzstoffe
  und Behandlungsverfahren deklarieren. Auch muss
  er die Zusatzstoffe dann überwiegend nicht exakt
  benennen, es reicht hier meist ein Klassenname
  wie zum Beispiel „Farbstoff" oder „Konservierungsstoff". Unklar bleibt dabei zum Beispiel, welcher
  Farbstoff oder Konservierungsstoff eingesetzt wurde. Lediglich eine geringe Anzahl bestimmter Substanzen ist ausdrücklich zu benennen.

Zusatzstoffe in loser Ware: Nur wenige müssen explizit genannt werden

Über diese Zusatzstoffe müssen Sie in festgelegtem Wortlaut bei loser Ware und auch in Kantinen und in der Gastronomie informiert werden:

- „mit Farbstoff"
- „mit Konservierungsstoff" oder „konserviert"; Nitritpökelsalz und Nitrat können als solche genannt werden, verpflichtend ist das jedoch nicht
- „mit Antioxidationsmittel"
- „mit Geschmacksverstärker"
- „geschwefelt": zum Beispiel bei Trockenfrüchten, die mit Schwefel behandelt wurden
- „geschwärzt": für Oliven, die mit Eisenverbindungen geschwärzt wurden
- „gewachst": Südfrüchte oder Äpfel, deren Schale mit Wachsen behandelt wurde
- „mit Phosphat" bei Fleischerzeugnissen, bei denen Phosphate als Zusatzstoff verwendet wurden
- „mit Süßungsmittel(n)"; für Lebensmittel, die Süßstoffe und/oder Zuckeraustauschstoffe enthalten.
- „kann bei übermäßigem Verzehr abführend wirken" bei einigen Zuckeraustauschstoffen
- „enthält eine Phenylalaninquelle" bei Lebensmitteln, denen der Süßstoff Aspartam zugesetzt wurde.

38.	**Spaghetti Carbonara** mit Sahne, Schinken²,³,⁴ und Ei	5,50	*Gnocchi*	
39.	**Spaghetti Jockey** mit Tomatensoße, Thunfisch, Oliven und Kapern (leicht scharf)	6,50	**75. Gnocchi Napoli** mit Tomatensoße	5,00
40.	**Spaghetti Calabrese** mit Knoblauch, Olivenöl und Kräuter in Tomatensoße (leicht scharf)	5,50	**76. Gnocchi Gorgonzola** mit Gorgonzolasahnesoße	6,00
41.	**Spaghetti Shrimps** mit knoblauch in Rosa-Dill-Soße	6,50	**77. Gnocchi Pesto** mit Basilikumsahnesoße	6,00
42.	**Spaghetti alla Puttanesca** mit Tomatensoße, Kapern, schwarze Oliven, Knoblauch und Sardellen	6,50	**78. Gnocchi Sorrentina** mit Basilikum und gewürfeltem Mozzarella in Tomatensoße	6,00

Zusatzstoffe: 1 mit Farbstoff(en) 2 mit Konservierungsstoff(en) 3 mit Antioxidationsmittel 4 mit Geschmacksverstärkern 5 koffeinhaltig ³Schinken aus Puten-Formfleisch"

Die Zusatzstoffe müssen auf einem Schild an der
Ware stehen. Bei Lieferdiensten müssen sie auf den
Angebotslisten gekennzeichnet sein und in der Gastro-
nomie und Gemeinschaftsverpflegung in Speise- und
Getränkekarten, auf Preislisten, in Aushängen oder in
einer schriftlichen Mitteilung aufgeführt werden.

Allergene

Über die wichtigsten Allergene besteht
auch bei loser Ware eine Informations-
pflicht. Allerdings reicht eine mündliche Auskunft aus, wenn auf Wunsch
eine schriftliche Dokumentation vorge-
legt werden kann (siehe Seite 165).

Tataki   8 Scheiben
angebratenes Fischfilet - Beilage Reis und Algensalat

Sake Tataki 1,3,11,12,13 (Lachsfilet)........................... € 8,50

Maguro Tataki 1,3,11,12,13 (Thunfischfilet)............. € 9,50

Die 14 Hauptallergene:
wir möchten euch gemäß der Allergen-Kennzeichnungspflicht
informieren, dass wir in unserer Küche folgende Produkte
(und daraus gewonnene Erzeugnisse) verwenden:

1: Ei	8: Nüsse/Schalenfrüchte
2: Erdnüsse	9: Schwefeldioxid oder Sulfite
3: Fisch	10: Sellerie
4: Glutenhaltiges Getreide	11: Senf
5: Krebstiere (Krustentiere)	12: Sesam
6: Lupinen	13: Soja
7: Milch	14: Weichtiere (Mollusken)

Stand: 05/2015

Grundpreis

Die Angabe des Grundpreises ist vorgeschrieben, sobald Lebensmittel nach Gewicht oder nach Volumen
angeboten werden und ein Preis benannt wird. Das
trifft nicht nur für verpackte Waren und Lebensmittel
an der Bedienungstheke zu, sondern auch beispielsweise für Angebote im Onlineshop, Preislisten von
Tiefkühlkost-Lieferdiensten und für Werbeblätter und
-anzeigen.

Der Grundpreis ist ein wichtiges Hilfsmittel, wenn es
darum geht, die Preise verschiedener Produkte – mit
unterschiedlicher Füllmenge – innerhalb einer Pro-
duktgruppe miteinander zu vergleichen. So können Sie
anhand der Grundpreisangabe zum Beispiel schnell
erkennen, ob die losen Möhren in der Gemüsekiste
oder die fertigverpackten in der 750-Gramm-Packung
pro Kilogramm günstiger sind.

Beispiel für eine
Grundpreisangabe
in einer Werbung für
Gemüse

Der Grundpreis ist zusätzlich zum Endpreis in der Regel am Verkaufsregal ausgezeichnet. Er soll gut lesbar und in unmittelbarer Nähe des Endpreises auf dem Preisschild angebracht sein. Käufer sollen ihn mit einem Blick wahrnehmen können. Im Normalfall wird der Grundpreis pro Kilogramm oder Liter angegeben, bei kleineren Lebensmittelmengen bis zu 250 Gramm oder 250 Milliliter pro 100 Gramm oder 100 Milliliter.

So sollte eine Grund-
preisangabe am
Supermarkt-Regal
aussehen

Es gibt aber einige spezielle Regelungen: Bei Lebensmitteln in Aufgussflüssigkeit (zum Beispiel eingelegte Gurken oder Erbsen in der Dose) wird für die Berechnung des Grundpreises nur das Abtropfgewicht berücksichtigt. Und bei Trockenprodukten wie Fertigsuppen oder Dessertpulver bezieht sich der Grundpreis beispielsweise nicht auf den Inhalt des Päckchens, sondern auf das mit der angegebenen Flüssigkeitsmenge fertig zubereitete Erzeugnis.

Kein Grundpreis ist erforderlich bei
- Waren, die üblicherweise als Stück verkauft werden, wie Brötchen oder Gurken,
- kleinen Produktmengen bis zu zehn Gramm oder zehn Milliliter,
- Artikeln aus Getränke- und Verpflegungsautomaten,
- Waren kleiner Direktvermarkter oder Einzelhändler oder
- wenn Grundpreis und Endpreis identisch sind (etwa ein Liter Milch).

Hilfreich kann ein Grundpreis nur dann sein, wenn er korrekt angegeben ist. Anfragen und Meldungen an Lebensmittelklarheit.de zeigen, dass Grundpreisangaben zum Teil fehlen oder falsch berechnet werden – nicht nur im Einzelhandel, sondern auch bei der Werbung im Internet und in Werbeanzeigen. Eine Preisangabe pro Schale Heidelbeeren ist beispielsweise ohne Grundpreisangabe pro Kilo oder 100 Gramm unzulässig. Das gleiche gilt für Werbeanzeigen wie „Fünf Bierbeißer nur 1,50 Euro!" oder „Riesenschinkenwurst Stück 5,00 Euro". Die Verbraucherzentrale Hessen hatte solche Lockangebote in den Werbezeitschriften einiger hessischer Metzger und überregionaler Handelsketten 2014 erfolgreich abgemahnt. Begründung: Bei Preisangaben pro Stück sind die Angaben, wie viel ein Stück wiegt, sowie der Grundpreis unverzichtbar, um sicherzustellen, dass das vermeintliche Schnäppchen nicht teurer ist als die ausgewogene Ware. Die abgemahnten Metzger kennzeichnen ihre Ware inzwischen deutlich verbraucherfreundlicher.

Die Verbraucherzentralen fordern den Handel auf, Kennzeichnungsregelungen konsequenter umzusetzen. Die Lebensmittelüberwachung sollte dies verstärkt kontrollieren.

[] Tipp

Verlangen Sie beim Kauf von Stückware nachdrücklich die Angabe des Grundpreises und des Gewichtes. Fehlen die Grundpreisangaben auf den Preisschildern an den Verkaufsregalen oder Bedienungstheken, sollten Sie sich bei der Marktleitung beschweren. Führt das zu keinem Erfolg, verständigen Sie das zuständige Ordnungsamt.

Gentechnik

Lebensmittel, die selbst ein gentechnisch veränderter Organismus (GVO) sind – zum Beispiel Maiskolben – und Zutaten, die direkt aus einem GVO stammen, zum Beispiel Maischips aus GV-Mais, sind auch auf loser Ware kennzeichnungspflichtig. Der Hinweis lautet „genetisch verändert" oder „aus genetisch verändertem ... hergestellt". Da Verbraucher in Deutschland Gentechnik für Lebensmittel überwiegend ablehnen, vermeiden Hersteller kennzeichnungspflichtige Produkte. Solche Ware – und damit auch die Gentechnik-Kennzeichnung auf verpackten und unverpackten Lebensmitteln – findet sich praktisch nicht im Handel.

Kennzeichnungslücke: Unsichtbare Gentechnik in Lebensmitteln

Zwar hat die Gentechnik bereits Einzug in die Lebensmittelherstellung gehalten – allerdings nur in Anwendungsbereichen, die nicht kennzeichnungspflichtig sind. Werden Nutztiere zum Beispiel mit gentechnisch hergestellten Futtermitteln gefüttert, so bleibt dies auf Fleisch, Milch und Eiern dieser Tiere ohne Kennzeichnung. Auch Zusatzstoffe und Enzyme, die mit Hilfe von gentechnisch veränderten Mikro-Organismen hergestellt wurden, können ohne Gentechnik-Kennzeichnung in Lebensmitteln eingesetzt werden. In diesen Bereichen müssen Sie in größerem Umfang mit Gentechnik rechnen, ohne dass Sie dies in irgendeiner Form erfahren.

Eine rühmliche Ausnahme ist die Biobranche: Sie arbeitet grundsätzlich ohne Gentechnik in jeder Form. Auch manche Hersteller konventioneller Lebensmittel verzichten auf die Anwendung von Gentechnik. Sie können ihre Produkte dann mit dem „Ohne-Gentechnik"-Siegel bewerben.

Kennzeichnungen für bestimmte Lebensmittelgruppen

Für bestimmte Lebensmittelgruppen gelten weitere Kennzeichnungsvorschriften. So muss bei den meisten frischen Obst- und Gemüsearten das Ursprungsland angegeben werden. Auch für unverarbeitetes Fleisch ist seit April 2014 eine Herkunftskennzeichnung erforderlich, und lose verkaufte Eier tra-

gen – bis auf wenige Ausnahmen – einen Stempelcode
(siehe Seite 86). Koffeinhaltige Getränke müssen beispielsweise in Speisekarten als solche kenntlich gemacht sein. Kartoffeln müssen den Hinweis „nach der
Ernte behandelt" tragen, wenn ein keimhemmendes
Mittel angewendet wurde.

Trotz zahlreicher Einzelregelungen lässt die Information auf loser Ware insgesamt zu wünschen übrig.

[] **Tipp**

Wir wollen Ihnen keinesfalls dazu raten, alle Lebensmittel fertig abgepackt zu kaufen, nur um in den
Genuss einer relativ vollständigen Kennzeichnung zu
kommen. Allerdings sollten Sie das Verkaufspersonal
konsequent mit Nachfragen löchern, wenn Sie etwas
zur Zusammensetzung, Herstellung und Herkunft der
Produkte wissen wollen. Händler sollten merken, dass
es vorteilhaft für sie ist, wenn sie auf Wunsch umfassende Informationen zur Verfügung stellen können.
Auch das ist ein Qualitätsmerkmal beim Einkauf.

Tierisch unklar: Kennzeichnung vegetarischer und veganer Lebensmittel

Vegetarier verzichten auf Fleisch und Fisch – genau genommen auf alle Lebensmittel und Zutaten, die vom getöteten Tier stammen. Die Motive für diese Entscheidung sind unterschiedlich. Viele wollen grundsätzlich nicht, dass Tiere für Ernährungszwecke getötet werden. Häufig lehnen Vegetarier zudem die intensive Tierhaltung ab. Aber auch religiöse Gründe oder die eigene Gesundheit, der Umweltschutz sowie Welternährungsprobleme können ausschlaggebend sein, wenn sich Menschen für eine vegetarische Ernährungsweise entscheiden.

Es gibt verschiedene vegetarische Ernährungsformen. Sie richten sich danach, welche tierischen Lebensmittel – zusätzlich zu Bestandteilen vom getöteten Tier – ein Vegetarier ablehnt.

- **Ovo-Lakto-Vegetarier** essen Milch und Milcherzeugnisse, Eier und Eiprodukte. Mit etwa 60 Prozent sind sie die größte Gruppe der Vegetarier.
- **Lakto-Vegetarier** essen Milch und Milcherzeugnisse, aber keine Eier.
- **Ovo-Vegetarier** meiden Milch- und Milcherzeugnisse, essen aber Eier.
- **Veganer** verzichten konsequent auf alle Lebensmittel und -zutaten tierischer Herkunft, also auf Milch und Milcherzeugnisse, Eier, Honig, tierische Fette und andere Produkte vom Tier. Zum Teil ist nicht nur die Ernährung, sondern die gesamte Lebensweise

vegan. Dann darf unter anderem auch die Kleidung nicht vom Tier stammen – so wird auf Materialien wie Wolle, Seide und Leder verzichtet.

Die Anzahl der Menschen, die sich überwiegend oder rein pflanzlich ernähren wollen, steigt in Deutschland stetig an. Der Vegetarierbund Deutschland (VEBU) schätzt, dass mittlerweile rund acht bis neun Prozent der Bevölkerung in Deutschland Vegetarier sind – das sind immerhin rund sieben Millionen. Etwa 800.000 Menschen ernähren sich vegan.

Die Lebensmittelwirtschaft nimmt die zunehmende Anzahl an Vegetariern offenbar als wirtschaftlich bedeutende Kundengruppe wahr. Sie reagiert mit einem seit Jahren wachsenden Sortiment an Produkten, die sie als „vegan" oder „rein pflanzlich" anpreist. Was genau sich hinter diesen Angaben verbirgt, bleibt dabei aber häufig unklar, denn diese Begriffe sind rechtlich nicht geregelt.

Doch die vielen vegetarisch lebenden Menschen wollen nicht stundenlang vor den Regalen im Supermarkt verbringen und mit der Lupe das Kleingedruckte sichten. Nicht selten müssen sie sogar beim Hersteller nachfragen, wenn sie sichergehen wollen, dass beispielsweise Zusatzstoffe und Aromen nicht vom Tier stammen. Das ist im Alltag sehr mühsam und auf Dauer alles andere als praktikabel.

Die Probleme beginnen schon beim Einkauf der „klassischen" vegetarischen Lebensmittel. So ist Käse für Laktovegetarier oft die Alternative zu Wurst und Gemüsebrühe ersetzt die Rinderbouillon. Greift ein Vegetarier zu diesen Produkten, ohne die Zutatenliste zu studieren, kann er schon danebenliegen:

■ „Géramont mit Joghurt" sieht zwar aus wie ein klassischer Camembert, ist aber eine so genannte Käsezubereitung. Sie enthält Gelatine, die aus tierischem Bindegewebe stammt. Damit rechnen viele Vegetarier sicher nicht.

Französische Weichkäsezubereitung aus pasteurisierter Kuhmilch
Weitere Zutaten: Joghurt (7,5 %), Speisesalz, Speisegelatine, Emulgator E471, natürliches Aroma, Joghurtkulturen, Farbstoff: Beta-Carotin.
Kann Spuren von Ziegenmilch enthalten.

Stand: 11/2013

■ Der „Lacroix Gemüse-Fond" ist zumindest für die vegane Ernährung nicht geeignet. In der Zutatenliste versteckt sich Hühnereiweiß.

GEMÜSE FOND
Zutaten:
Gemüsebrühe (Wasser, Karotten, Blumenkohl, Zwiebeln, Lauch, Tomaten, Paprika, Brokkoli, **Sellerie**), Salz, **Hühnereiweiß**, **Molkenpulver**, pflanzliche Öle (Sonnenblumenöl, **Sojaöl**), Aroma (enthält **Sellerie**), Speisewürze (enthält **Soja**), Gewürze (enthält **Sellerie**), Zucker, Palmfett, Dextrose, Hefeextrakt (enthält **Weizen**).

Stand: 11/2013

Leicht können diese Lebensmittel ungewollt im vegetarischen Einkaufskorb landen.

Die Zutatenliste: Nicht immer zuverlässig

Solange ein Produkt nicht als „vegetarisch" oder „vegan" beworben ist, müssen Verbraucher also prinzipiell mit Zutaten tierischen Ursprungs rechnen.

Aber selbst wenn Sie die Zutatenliste vollständig lesen, haben Sie keine hundertprozentige Gewissheit, dass ein Lebensmittel komplett ohne tierische Bestandteile hergestellt wurde. Bei Zusatzstoffen, Aromen und Vitaminzusätzen muss nämlich nicht angegeben sein, ob sie tierischer Herkunft sind.

So gingen beispielsweise vor einiger Zeit Berichte über den Zusatzstoff L-Cystein durch die Presse, weil er aus Haaren – auch aus Schweineborsten – und aus Federn stammen kann. Er wird als Mehlbehandlungsmittel bei der Herstellung von Brot eingesetzt.

Tierische Bestandteile können außerdem als Trägerstoffe und Lösungsmittel für Zusatzstoffe, Aromen und Enzyme dienen, ohne dass Sie davon erfahren. Ein Aromastoff besteht beispielsweise nur zu zehn bis zwanzig Prozent aus aromatisierenden Bestandteilen. Den Rest bilden weitere Zutaten wie Trägerstoffe oder Lösungsmittel. Sie sind auf dem Lebensmittel, dem das Aroma zugesetzt wurde, nicht angegeben, es sei denn, es handelt sich um kennzeichnungspflichtige Allergene (siehe Seite 165).

Auch sogenannte Verarbeitungshilfsstoffe erkennen Sie in der Zutatenliste nicht. Dabei handelt es sich um Substanzen, die einem Lebensmittel bei der Verarbeitung zugesetzt wurden. Im fertig hergestellten Produkt sind sie jedoch nicht mehr oder allenfalls in Spuren vorhanden. So liefert die aus tierischem Bindegewebe hergestellte Gelatine, die in Wein und Apfelsaft als

Klärungsmittel eingesetzt wird, in Vegetarierkreisen oft Diskussionsstoff. Die Schwebstoffe im Saft bzw. Wein verbinden sich mit der Gelatine, flocken aus und werden zusammen mit dieser entfernt.

So mancher Fan von Fleischlosem sieht das vielleicht nicht so eng. Beschwerden und Anfragen an die Verbraucherzentralen zeigen aber: Zumindest ein Teil der Vegetarier möchte nicht, dass für die Produktion eines fleischfreien Lebensmittels Bestandteile vom getöteten Tier oder generell Zutaten tierischer Herkunft verwendet werden. Hier fehlen wichtige Informationen zum Lebensmittel. Das zeigt auch eine repräsentative Verbraucherbefragung im Rahmen des Projektes Lebensmittelklarheit.de im Mai 2013: Fast ein Drittel der Befragten vermissten Angaben darüber, ob ein Lebensmittel für Vegetarier oder Veganer geeignet ist.

Angabe „rein pflanzlich" oder „vegan"

Hersteller und Handel kennzeichnen ihr wachsendes Sortiment an Vegetarischem zum Teil mit selbst gekürten „Veggi"-Labeln. Da es an einer verbindlichen Definition für die Begriffe „vegetarisch", „vegan" oder „rein pflanzlich" fehlt, entscheidet jeder Hersteller für sich selbst, was er unter dieser Bezeichnung versteht. Dadurch können Vegetarier häufig nicht sichergehen, dass auch bei den eingesetzten Zusatzstoffen, Aromen und Vitaminen sowie im Produktionsprozess auf Substanzen tierischer Herkunft verzichtet wurde.

Kritisches Nachfragen ist angebracht, das zeigen die Beispiele für falsche Produktkennzeichnung:

■ Die Margarine „Becel classic" soll „rein pflanzlich" sein. Sie enthält aber Vitamin D, das laut Angaben des Herstellers aus Wollfett hergestellt wurde. Die Aussage „rein pflanzlich" ist somit schlichtweg falsch und das Produkt für strenge Veganer ungeeignet. Die Firma Unilever Deutschland gibt an, dass sich die Angabe nur auf die verwendeten Speisefette und -öle beziehen soll. Auf der Margarine ist das aber nicht ersichtlich.

Das Gute in Becel Classic:
- ✓ Reich an mehrfach ungesättigten Fettsäuren (Omega 3 & 6)
- ✓ Mindestens 60 % weniger gesättigte Fettsäuren als Halbfettbutter
- ✓ Mit einer Kombination aus Sonnenblumen-, Lein- und Rapsöl
- ✓ Frei von gehärteten Fetten
- ✓ Frei von Milchbestandteilen
- ✓ Rein pflanzlich
- ✓ Frei von Konservierungsstoffen
- ✓ Streng natriumarm
- ✓ Geeignet & bestimmt für Menschen mit erhöhtem Cholesterinspiegel

Stand: 10/2013

- Auch der „Bio-Burger" der Firma Berief ist als „rein pflanzlich" gekennzeichnet. Ein Verbraucher meldete das Produkt bei Lebensmittelklarheit.de, weil es laut Zutatenliste Eiklar enthielt. Inzwischen ist das nicht mehr der Fall – die Firma hat reagiert und die Rezeptur verändert.

ZUTATEN: Sojazubereitung* 58 % (Wasser, Sojamehl* 20 %), Zwiebeln*, Weizengluten* 10 %, pflanzliches Öl*, Weizenstärke*, Senf* (Wasser, Senfmehl*, Branntweinessig*, Meersalz, Zucker*), Hefeextrakt, Eiklar*, Meersalz, Knoblauch*. *aus kontrolliert ökologischer Landwirtschaft

Stand: 11/2013

! Achtung

Angaben wie „rein pflanzlich" und „vegan" bieten strengen Veganern keine „Reinheitsgarantie". Beispiele belegen, dass Hersteller Zusatzstoffe, Aromen, Vitamine und Verarbeitungshilfsstoffe nicht immer einbeziehen. Diese können dann trotzdem von Tieren stammen bzw. nicht pflanzlichen Ursprungs sein. Ob das so ist, können weder Verbraucher noch die Verbraucherzentralen überprüfen. Dafür sind Laboruntersuchungen erforderlich, wie sie die Lebensmittelüberwachung durchführt.

Wenn ein Hersteller Ihre Nachfrage nicht klar beantwortet, sollten Sie davon ausgehen, dass nicht alle Bestandteile die angegebene Eigenschaft „vegan" oder „rein pflanzlich" erfüllen. Verlass ist dagegen auf das V-Label, das der Vegetarierbund Deutschland vergibt. Er prüft die Produkte der Hersteller, die dieses freiwillige Zeichen verwenden wollen.

Label „V" für vegetarische Produkte

Vor dem Hintergrund fehlender rechtlicher Regelungen für vegetarische Produkte hat die Europäische Vegetarier Union (EVU) das Label „V" entwickelt. Das freiwillige Zeichen soll Vegetariern die Lebensmittelauswahl europaweit erleichtern. Es steht auf Lebensmitteln, deren Herstellung ohne Rohstoffe aus Tierkörpern erfolgt, insbesondere ohne Fleisch, Gelatine, Knochen und Schlachtfette. Sämtliche Zutaten und Verarbeitungshilfsstoffe werden dabei berücksichtigt.

Das Label „V" wird auf Antrag und nach vorheriger Prüfung vergeben. In Deutschland prüft der Vegetarierbund Deutschland (VEBU) die Anträge der Hersteller und verleiht das Siegel gegen eine Gebühr. Wer das Zeichen nutzen will, muss zuvor die Zusammensetzung seiner Produkte offen legen. Der VEBU führt zusätzlich im Verdachtsfall und stichprobenartig Betriebskontrollen und Laboruntersuchungen durch. Bei jeder Änderung der Zutaten muss neu geprüft werden.

Das V-Label existiert in vier Varianten, die der jeweiligen Vegetarier-Gruppe entsprechen:

- ovo-lakto-vegetarisch (mit Milch und Eiern)
- ovo-vegetarisch (mit Eiern, ohne Milchprodukte)
- lakto-vegetarisch (mit Milchprodukten, ohne Eier)
- vegan (100 % ohne tierische Produkte)

Als zusätzliche Kriterien dürfen die verwendeten Eier nicht aus Käfighaltung stammen. Lebensmittel mit Zutaten, die als gentechnisch verändert gekennzeichnet werden müssen, erhalten ebenfalls kein V-Label.

Welche Produkte bereits das „V-Label" tragen, erfahren Sie auf der Website http://www.v-label.info/de/ .

Gut zu wissen

Käse ist – streng genommen – häufig nicht vegetarisch, denn er kann Lab aus dem Kälbermagen enthalten. Lab ist ein Gerinnungsenzym, das bei Käse zur Dicklegung der Milch dient. Das Enzym stammt nicht zwangsläufig vom Kalb, sondern kann auch mikrobiologisch hergestellt werden – mithilfe gezüchteter oder gentechnisch veränderter Mikroorganismen. Außerdem gibt es sogenannte Labaustauschstoffe aus pflanzlichen Quellen.

Als Käufer erkennen Sie häufig nicht einmal, ob überhaupt Lab für den Käse verwendet wurde, denn oftmals fehlt auf Käse das Zutatenverzeichnis (siehe Seite 163).

Die Herkunft des Enzyms – tierisch, pflanzlich oder mikrobiell – ist somit eine freiwillige Angabe. Auch der Einsatz gentechnisch veränderter Mikroorganismen bei der Labherstellung ist nicht kennzeichnungspflichtig (siehe Seite 184). Wenn nichts dazu auf der Verpackung steht, kann nur die Herstellerfirma weitere Auskünfte geben.

Österreichischer Hartkäse mit 45% Fett i.Tr., mit Rohmilch hergestellt (silofrei). Hergestellt mit mikrobiellem Labaustauschstoff. Unter Schutzatmosphäre verpackt. Hergestellt in Österreich für: Jermi Käsewerk, D-88463 Laupheim

Beispiel für eine freiwillige Lab-Kennzeichnung

Rechtsvorschriften absehbar

Die Angaben „vegetarisch" und „vegan" auf Lebensmitteln sollen in Zukunft eindeutig werden. Die EU-Lebensmittelinformationsverordnung schreibt vor, dass ein „Durchführungsrechtsakt" die freiwillige Kennzeichnung von Lebensmitteln für Vegetarier zukünftig regeln soll.

Es gibt bereits etwas sperrig formulierte Vorschläge für die Definition von „vegetarisch" und „vegan":

- **Definition vegetarisch:** „Der Begriff ‚vegetarisch' ist nicht auf Lebensmittel anzuwenden, bei denen es sich um Erzeugnisse handelt oder die aus oder mithilfe von Erzeugnissen hergestellt werden, die aus verendeten, geschlachteten oder aufgrund ihres Verzehrs zu Tode gekommenen Tieren gewonnen wurden."
- **Definition vegan:** „Der Begriff ‚vegan' ist nicht auf Lebensmittel anzuwenden, bei denen es sich um Tiere oder tierische Erzeugnisse handelt oder die aus oder mithilfe von Tieren oder tierischen Erzeugnissen (einschließlich Erzeugnissen von lebenden Tieren) hergestellt wurden."

Das klingt ziemlich kompliziert – bedeutet aber im Wesentlichen: Durch die Formulierung „mithilfe von" sind auch die derzeit nicht kennzeichnungspflichtigen Verarbeitungshilfsstoffe berücksichtigt. Diese Vorschläge werden deshalb europaweit von den Vegetarier-Organisationen unterstützt.

Eine zeitliche Vorgabe für die Reglungen gibt es jedoch nicht. Wann die Definitionen rechtsverbindlich werden, ist deshalb zurzeit noch nicht abzusehen.

Das fordern die Verbraucherzentralen

- Klare Rechtsvorschriften für die Angaben „vegetarisch" und „vegan" sind überfällig. Der Gesetzgeber muss schnellstmöglich für eine transparente Kennzeichnung sorgen.
- Ein einheitliches, rechtlich verbindliches Siegel zur Kennzeichnung vegetarischer und veganer Lebensmittel analog zum EU-Bio-Siegel wäre eine geeignete Entscheidungshilfe beim Einkauf.
- In der Lebensmittelinformationsverordnung ist nur die Möglichkeit einer freiwilligen Kennzeichnung vorgesehen; es bleibt abzuwarten, ob sie sich durchsetzt. Solange sie nur vereinzelt auf Lebensmitteln zu finden ist, wird sie für den täglichen Einkauf kaum hilfreich sein.
- Solange es noch keine Rechtsvorschriften gibt, sollten Lebensmittelhersteller korrekt mit den Begriffen „vegan" und „rein pflanzlich" umgehen. Alle Bestandteile – auch Verarbeitungshilfsstoffe – müssen berücksichtigt werden!

Dringend gesucht: Fleisch von glücklichen Tieren

Rund 90 Prozent der Menschen hierzulande ist es wichtig, dass Lebensmittel aus besonders tiergerechter Haltung stammen. Das zeigte eine Studie des Bundesministeriums für Ernährung, Landwirtschaft und Verbraucherschutz im Januar 2013. Damit rangierte das Tierwohl in der Zustimmung noch vor den Kriterien „Regionalität" und „Preis". Dem entgegen fühlen sich über 60 Prozent der Verbraucher beim Einkauf von Fleischprodukten nicht ausreichend darüber informiert, unter welchen Bedingungen die Tiere gehalten wurden. Das belegt eine repräsentative Emnid-Telefonumfrage im Auftrag des Verbraucherzentrale Bundesverbands im September 2013. Weder der Handel noch der Gesetzgeber geben Verbrauchern eine ausreichende Orientierungshilfe für den Kauf von Produkten mit mehr Tierwohl. Und statt klare und verlässliche Informationen zu liefern, werben Anbieter oft mit eigenen Siegeln, Abbildungen und Produktnamen, die ländliche Idylle und glückliche Tiere vorgaukeln. Produkthinweise wie „tiergerecht" oder „artgerecht" sind gesetzlich nicht geregelt und werden dementsprechend nicht überwacht. Sie können auch auf Produkten auftauchen, die lediglich die gesetzlichen Mindestanforderungen erfüllen.

Doch wie können Sie beim Einkauf erkennen, ob Fleisch, Milch oder Eier aus einer Landwirtschaft stammen, die in puncto Tierschutz wirklich mehr zu bieten hat als die Standardware? Nur für Geflügel – Mastgeflügel und Legehennen – gibt es bisher rechtsverbindliche Kennzeichnungen zur Tierhaltung. Und nur auf

Eiern sind sie bisher verpflichtend – und damit auch zuverlässig vorhanden. Immerhin liefern einige freiwillige Initiativen positive Ansätze mit herstellerunabhängigen Siegeln, die auf verbesserten Tierschutz in der Tierhaltung abzielen.

Haltungsform nur auf dem Ei erkennbar

Der sogenannte Erzeugercode auf dem Ei gibt nicht nur Gewissheit über die Herkunft, sondern auch über die Haltungsform der Legehennen (siehe Seite 86).

Die erste Ziffer des Stempels steht für das Haltungssystem:

- 0 = ökologische Erzeugung
- 1 = Freilandhaltung
- 2 = Bodenhaltung
- 3 = Käfighaltung (Kleingruppenhaltung)

Haltungsformen	Bedeutung	Kennzeichnung auf Verpackung
Freilandhaltung (Bio)	je Huhn mindestens 4 m² Auslauf im Freien, im Stall maximal sechs Hennen pro m²	„Bio", „Öko"
Freilandhaltung	je Huhn mindestens 4 m² Auslauf im Freien	„Freiland"
Bodenhaltung	Stallhaltung mit maximal neun Hühnern pro m²	„Boden"
Käfighaltung (herkömmlich, EU-weit seit 1.1.2012 verboten)	Käfige mit Metallgitterböden, meist in drei oder vier Etagen, 550 cm² pro Henne	„Käfig"
Kleingruppenhaltung (noch erlaubt)	800-900 cm² pro Henne, Einstreubereich, Legenest, Sitzstangen	„Käfig", Ergänzung „ausgestalteter Käfig" möglich

Bei unverarbeiteten Eiern können Sie sich also gezielt für eine tierfreundliche Haltungsform entscheiden, indem Sie Eier aus ökologischer Erzeugung oder Freilandhaltung wählen. Sobald Eier verarbeitet werden, entfallen aber die Kennzeichnungsvorschriften, und damit endet die Wahlfreiheit der Verbraucher. Nur in Produkten mit dem EU-Biosiegel ist garantiert, dass Eier aus ökologischer Haltung verarbeitet wurden.

! Achtung

Meinungsumfragen zeigen: Die meisten Verbraucher wollen Eier aus tiergerechter Hühnerhaltung kaufen. Supermärkte haben daher frische Eier aus „Kleingruppenhaltung" praktisch nicht mehr im Sortiment. Trotzdem werden allein in Deutschland jährlich deutlich mehr als eine Milliarde Eier aus Kleingruppenkäfigen produziert, dazu kommen noch die EU-Importe. Diese Eier verschwinden in verarbeiteten Lebensmitteln. Ein freiwilliger Hinweis der Hersteller zur Haltungsform fehlt meist. Das zeigte eine Anfang 2013 von der Verbraucherzentrale Hamburg durchgeführte Stichprobe im Supermarkt: Von rund 240 überprüften eierhaltigen Produkten trugen noch über 70 Prozent keine Hinweise zur Haltungsform. Das könnte sich bald ändern: Die Verbraucherschutzminister der Länder haben sich im Mai 2014 für eine Kennzeichnung der Hennenhaltung auch für Eier in verarbeiteten Lebensmitteln ausgesprochen.

Kaum praktiziert: freiwillige Kennzeichnung der Geflügelhaltung

Bei Geflügelfleisch sind die Regelungen schon deutlich halbherziger als bei den Eiern. Zwar gibt es für unverarbeitete Ware einheitliche EU-weit zulässige Angaben zur Art der Geflügelhaltung. Leider handelt es sich dabei jedoch nur um freiwillige zusätzliche Angaben. Sie haben sich bisher nicht durchgesetzt, sind bei den meisten Verbrauchern vermutlich gar nicht bekannt und somit keine wirkliche Einkaufshilfe.

EU-weit zulässige Angaben zur Geflügel-haltung

Vier Kennzeichnungen sind zu einer extensiven, das heißt im Vergleich zu den gesetzlichen Mindestanfor-derungen tierfreundlicheren Geflügelhaltung – neben der Bio-Kennzeichnung (s.u.) – erlaubt:

- **Extensive Bodenhaltung:** mehr Platz pro Tier, län-gere Mast im Vergleich zur üblichen Intensivhaltung zum Beispiel bis zu 15 Hähnchen oder maximal 25 Kilogramm Lebendgewicht pro Quadratmeter statt bis zu 39 Kilogramm pro Quadratmeter
- **Freilandhaltung:** zusätzlich ein Quadratmeter Aus-lauf je Hähnchen oder vier Quadratmeter je Pute und ein Futter-Getreideanteil von 70 Prozent
- **Bäuerliche Freilandhaltung:** erhöhte Auslaufflächen und Mastdauer; Einsatz langsam wachsender Rassen

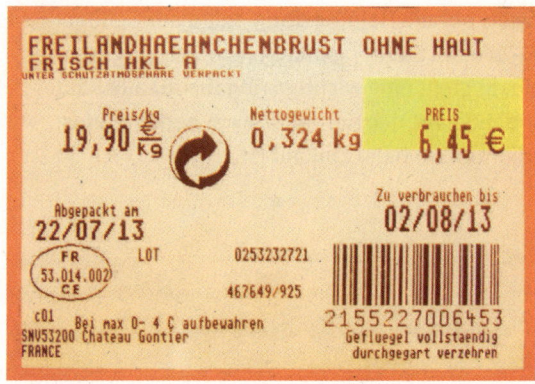

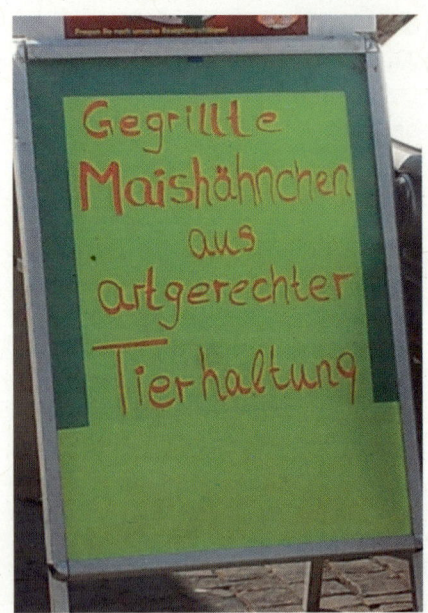

Nicht erlaubt:
Werbung „art-
gerechte Tierhal-
tung",
Stand: 04/2014

■ **Bäuerliche Freilandhaltung – Unbegrenzter Auslauf:** zusätzlich zu den
Anforderungen an die „bäuerliche
Freilandhaltung" kommt tagsüber ein
unbegrenzter Auslauf hinzu
Wer mit einer dieser Bezeichnungen
wirbt, muss die in einer EU-Verordnung
definierten Mindestkriterien einhalten.

Die rechtsverbindliche Regelung dieser
Angaben hat zur Folge, dass alle anderen Bezeichnungen zur Haltungsform
wie beispielsweise „artgerecht" oder
„tiergerecht" bei Mastgeflügel verboten
sind.

Ist auf der Verpackung kein Hinweis auf
eine der vier gesetzlich definierten Hal-
tungsformen angegeben, können Sie
davon ausgehen, dass das Geflügelfleisch aus konventioneller Intensivhaltung stammt. Eine Ausnahme ist

Das fordern die Verbraucherzentralen

Ein Hinweis auf die Haltungsform sollte auf Geflügelfleisch – wie bei Eiern – generell rechtlich vorgeschrieben sein. Er stellt eine wichtige Angabe für alle Käufer
dar, für die die Art der Tierhaltung ein bedeutendes
Auswahlkriterium beim Einkauf ist.

Geflügel aus ökologischer Landwirtschaft: Hier gelten über die gesetzlichen Standards hinausgehende hohe Anforderungen.

Ökologische Tierhaltung – mehr Tierschutz per Gesetz

Für die ökologische Landwirtschaft gelten Rechtsvorschriften zur Tierhaltung, die deutlich über die Standards in der konventionellen Tierhaltung hinausgehen. Laut der EU-Öko-Verordnung ist ihr ausdrückliches Ziel, hohe Tierschutzstandards zu beachten und insbesondere tierartspezifischen verhaltensbedingten Bedürfnissen nachzukommen.

Eine Durchführungsverordnung gibt klare Vorgaben zur Tierhaltung, beispielsweise zum Platzangebot, zur Ausstattung des Stalls wie Bodenbeschaffenheit und Beleuchtung und zur Mastdauer. Alle Tiere müssen einen leichten Zugang zu einem Auslaufbereich haben.

Wer zu Bio-Milch, -Fleisch und -Eiern greift, unterstützt automatisch ein deutliches Plus an Tierschutz. Die großen Öko-Verbände Naturland, Bioland und Demeter setzen seit Anfang 2014 zusätzlich eine gemeinsam entwickelte Tierwohl-Checkliste ein, die bei der jährlichen Öko-Kontrolle in den Mitgliedsbetrieben abgeprüft wird. Diese einheitlichen Standards für die Beschreibung und Kontrolle des Tierwohls gehen über die Vorgaben der EU-Öko-Verordnung hinaus, die bislang keine Überprüfung von Indikatoren am Tier vorsieht. Mehr Infos zur Bio-Kennzeichnung finden Sie ab Seite 121.

Label der Tierschutzorganisationen: freiwillige Initiativen reichen nicht

Während der Gesetzgeber tatenlos zuschaute, nahmen sich die Tierschutzorganisationen „Deutscher Tierschutzbund e. V." und „Vier Pfoten" der Kennzeichnung von Haltungsbedingungen auf Fleisch an. Parallel schufen sie 2013 zwei anbieterunabhängige eigene Siegel, deren Vergabe anhand klar definierter Kriterien erfolgt und deren Anforderungen über die gesetzlichen Mindeststandards in der konventionellen Tierhaltung hinausgehen. Damit unterstützen die freiwilligen Initiativen Käufer, die gezielt Fleisch aus einer tiergerechteren Haltung kaufen wollen. Die Label werden gegen eine Lizenzgebühr an Unternehmen vergeben.

Tierschutz-Siegel des Deutschen Tierschutzbundes

Das Siegel „Für mehr Tierschutz" hat die „Initiativgruppe Tierwohl-Label" entwickelt. Beteiligt sind Wissenschaft, der gemeinnützige Deutsche Tierschutzbund e. V., Landwirtschaft, Schlachtbetriebe, Fleischverarbeitung und Handel. Die Initiativgruppe hat zunächst für Mastschweine und Mastgeflügel Haltungskriterien erarbeitet, inzwischen auch für Legehennen. Langfristig sollen Kriterien für alle landwirtschaftlich genutzten Tiere folgen. Zentrale Forderungen sind mehr Platz pro Tier, eine tiergerechtere Stallbeschaffenheit, Beschäftigungs- und Auslaufmöglichkeiten für die Tiere, Kastration der Eber nur nach Betäubung sowie kurze Tiertransporte. Außerdem sollen Bestandsobergrenzen eine großindustrielle Tierhaltung ausschließen.

Das Siegel gibt es mit einem Stern als „Einstiegsstufe"
und mit zwei Sternen als „Premiumstufe".

Die Premiumstufe setzt die
Kriterien für den Tierschutz
deutlich höher an, zum Beispiel beim Platzangebot und
der Bestandsobergrenze. Eine
zusätzliche Voraussetzung der
Premiumstufe ist ein Zugang
zu Auslaufflächen.

Die freiwillige Tierschutzkenn-
zeichnung ist anbieterunab-
hängig und wird von neutralen
Stellen kontrolliert, die vom
Tierschutzbund zugelassen werden.

Hühnerprodukte mit dem Tierschutzlabel sind zum Teil
bereits bundesweit verfügbar bei verschiedenen Handelsketten wie Lidl, Aldi Nord, Netto, Real, Edeka Süd
und Südwest. Schweinefleisch mit Tierschutzlabel ist
bisher weniger verbreitet.

Stand: 02/2015

Tierschutzlabel der Organisation „Vier Pfoten"

„Vier Pfoten" ist eine internationale Tierschutzorganisation mit Hauptsitz in Wien. Sie hat zum Ziel, dass sich auf politischer, wirtschaftlicher und gesellschaftlicher Ebene etwas verändert, um so mehr Wohl für Tiere zu erreichen und zu etablieren.

„Vier Pfoten" hat ebenfalls ein zweistufiges Label entwickelt, das für Verbesserungen in der Haltung von Nutztieren steht. Die Kriterien des „Tierschutzkontrolliert"-Labels ähneln denen des Deutschen Tierschutzbundes. Das Label wird außer für Schweine und Masthühner auch für Rinder vergeben.

Die **Einstiegsstufe** mit einem Stern im Label steht für „gute" Haltungsbedingungen, die **Premiumstufe** hat zwei Sterne und zeichnet eine „sehr gute" Tierhaltung aus. In der Premiumstufe ist ein Auslauf oder die Freilandhaltung, zumindest saisonal, für alle drei Tierarten obligatorisch.

Die Kontrollen für das Label erfolgen durch unabhängige zertifizierte Kontrollunternehmen. Sie überprüfen sowohl die Betriebe als auch die Schlachthöfe. Zusätzlich führt „Vier Pfoten" eine stichprobenartige „Überkontrolle" durch.

Produkte mit dem „Tierschutz-kontrolliert"-Siegel sind bundesweit bei Kaufland und Galeria Kaufhof erhältlich sowie in einigen Filialen anderer Handelsunternehmen.

Das fordern die Verbraucherzentralen

Die Haltungsbedingungen für Tiere müssen für Verbraucher am Produkt klar erkennbar sein.

Die freiwilligen Initiativen mit anbieterunabhängigen Prüfsiegeln reichen nicht aus, um für Durchblick am Markt zu sorgen, zumal Produkte mit diesen Labels im Handel noch zu selten erhältlich sind. Dass beide Tierschutzorganisationen konkurrierende Labels eingeführt haben, anstatt sich auf ein gemeinsames Label mit einheitlichen Kriterien zu einigen, trägt nicht zur Transparenz für Verbraucher bei.

Daneben gibt es zwar einige gute Qualitäts- oder Markenfleischprogramme mit weitreichenden Tierschutzkriterien. Die wenigen glaubwürdigen Angebote sind aber im Siegel-Dschungel schwer zu erkennen, denn die Werbung vieler Marken suggeriert mehr Tierwohl als tatsächlich bei den Tieren ankommt.

Generell können freiwillige Labels kein Ersatz für ein staatliches Zeichen mit einheitlich definierten, verbindlichen Kriterien sein.

Die Verbraucherzentralen fordern eine EU-weit einheitliche, mehrstufige, staatliche kontrollierte Kennzeichnung analog zur Eierkennzeichnung, die obligatorisch bei allen tierischen Lebensmitteln – ob unverarbeitet oder verarbeitet – den jeweiligen Tierschutzstandard kennzeichnet. Aktivitäten auf Bundes- oder EU-Ebene sind jedoch noch nicht in Sicht.

Initiative „Tierwohl" der Wirtschaft

Auch die Lebensmittelbranche ist nicht untätig. Sie gerät zunehmend unter Druck, Produktalternativen anzubieten, die zwischen der Massenware zu Dumpingpreisen und den im Vergleich sehr teuren Bio-Produkten liegen. Auch möchte sie die Produktion tierischer Lebensmittel in besserem Licht erscheinen lassen. Denn Handel, Fleischvermarkter und Landwirte müssen sich immer wieder mit Skandalen und Medienberichten auseinandersetzen, die die Realität in heimischen Ställen zeigen und das Interesse der Deutschen am Tierschutz erhöhen: drangvolle Enge; verwahrloste, verletzte Tiere, die in ihren eigenen Exkrementen (Kot und Urin) stehen; Ferkel, die ohne Betäubung kastriert werden; haltungsbedingte Krankheiten, die auch einen hohen Einsatz von Antibiotika nach sich ziehen.

Die Wirtschaft setzt daher seit dem 1.1.2015 mit der Initiative „Tierwohl" auf eine Veränderung „in der Breite" – grundsätzlich ein lobenswertes Ziel. Beteiligt an der „Branchenlösung zur Förderung einer tiergerechten und nachhaltigen Erzeugung von Schweine- und Geflügelfleisch" sind die großen Handelsunternehmen wie Aldi, Edeka und Lidl. Sie zahlen vier Cent pro Kilogramm Fleisch in einen Fonds. Von diesem Geld werden Landwirte bezahlt, die nach einem Bewertungssystem mehr oder weniger zusätzliches „Tierwohl" in ihren Stall bringen und dafür entsprechend entlohnt werden. Die teilnehmenden Tierhaltungsbetriebe müssen Grundvoraussetzungen erfüllen, dazu kommen verpflichtende und freiwillige Wahlkriterien. Durch die Auswahlmöglichkeit bei den Kriterien kann das gewählte „Tierwohl"-Niveau aber sehr unterschiedlich sein. Schlimmstenfalls geht es kaum über die gesetzlichen Mindeststandards hinaus. So lassen sich mit den Grundvoraussetzungen und einem der verpflichtenden Wahlkriterien – beispielsweise zehn Prozent mehr Platzangebot – keine durchgreifenden Effekte für eine verbesserte Tierhaltung erzielen. Zu diesem Minimalprogramm können Landwirte zwar zahlreiche weitere Wahlkriterien ergänzen, zum Beispiel 40 Prozent mehr

Platzangebot, Auslauf oder „Komfortliegeplätze". Ob sie das tun, ist ihnen jedoch freigestellt.

Selbstverständlich möchte die Brancheninitiative die Kundschaft über ihre Aktivitäten für mehr Tierwohl informieren. Die Werbung der Initiative ist aber angesichts der nur geringfügigen Verbesserungen für die Tiere kritisch zu sehen. Außerdem warben teilnehmende Handelsketten mit Plakaten und Prospekten, die den Eindruck vermittelten, das gesamte Sortiment stamme aus einer tiergerechteren Haltung. Das trifft aber nur für einen Teil des Fleischangebots zu. Ob das abgepackte Fleisch tatsächlich von einem der „Tierwohl-Betriebe" stammt oder nicht, ist für Kunden nicht nachvollziehbar.

Es bleibt abzuwarten, wie hoch der Anteil der teilnehmenden landwirtschaftlichen Betriebe sein wird und ob das Ziel, die Tierhaltungsstandards insgesamt anzuheben, auch nur ansatzweise erreicht wird.

Das fordern die Verbraucherzentralen

Käufer sollten klar erkennen können, welche Produkte aus tiergerechter Haltung kommen. Die Werbemaßnahmen der Initiative „Tierwohl" dürfen bei Verbrauchern nicht zu falschen Vorstellungen führen – nämlich dass das gesamte Fleisch, das bei einem beteiligten Handelsunternehmen gekauft wird, tatsächlich von Höfen mit verbesserten Haltungsbedingungen stammt. Es sollten nur die Fleischerzeugnisse gekennzeichnet sein, die tatsächlich ein Mehr an Tierwohl bieten. Die Brancheninitiative darf nicht dazu führen, dass ambitionierte Label wie die der Tierschutzorganisationen von einem Siegel mit Minimalanforderungen vom Markt gedrängt werden.

Werbeidylle statt echtem Tierschutz

Dass Tierschutz als Kaufkriterium immer wichtiger wird, zeigen die Studien ebenso wie die Tatsache, dass auch immer noch der Preis eine große Rolle spielt. Besonders lukrativ scheint es daher zu sein, das Gewissen der Käufer durch Tierschutz-Botschaften zu erleichtern, ohne dass sie höhere Preise zahlen müssen. Gut ist diese Lösung aber nur für die Anbieter, nicht für die Tiere. Denn die Rechnung kann nicht aufgehen: Nur die Intensivhaltung in „Agrarfabriken" liefert Fleischerzeugnisse zu unrealistisch niedrigen Preisen. Jede bessere Tierhaltung kostet Geld. Wem es ernst ist mit dem Tierwohl, der muss also tiefer in die Tasche greifen. Alles andere ist Augenwischerei. Das sollte Ihnen bewusst sein.

Stand: 02/2015

Die Frontseite der Verpackung der Putenmedaillons des Geflügelhofs B. Heyringhoff im hessischen Lohfelden zeigt glückliche Hühner auf einer Wiese, im Hintergrund ein in Wiesen und Feldern gelegener Bauernhof. Doch wer „Bäuerliche Freilandhaltung des Geflügels mit Auslauf" vermutet, sucht vergeblich auf dem Etikett nach einem entsprechenden Hinweis (siehe Seite 201). Wenn Sie auf den Internetseiten des tatsächlich im Grünen gelegenen Betriebs recherchieren, erfahren Sie, dass die Tiere in Bodenhaltung – sprich, in Stallungen – gemästet werden. Ob es Auslauf gibt, ist nicht zu erfahren.

Noch dreister sind die großen Handelsketten wie
Netto, Penny oder Aldi. Sie ködern ihre Kunden mit
frei erfundener Gutshofidylle auf ihren Fleisch- und
Wursterzeugnissen. So zeigen die Produktetiketten
der Marken „Mühlenhof" des Discounters Penny, „Gut
Ponholz" von Netto oder „Gut Drei Eichen" von Aldi
schöne Gutshäuser in ländlicher Umgebung. Dahinter
stehen aber nicht Fleischangebote von glücklichen Tieren aus einer kleinbäuerlichen Gemeinschaft, sondern
Produkte aus konventioneller Intensivhaltung. Nach
deutschem Markenrecht ist es völlig legal, Fleisch- und
Wurstwaren unter dem Namen eines vermeintlichen
Bauernhofs zu verkaufen, von dem die Produkte gar
nicht kommen oder der erst gar nicht existiert.

Stand: 04/2015

Lassen Sie sich nicht von wohlklingenden Produktnamen und Abbildungen von ländlicher Idylle auf Fleisch-
oder Wurstverpackungen hinters Licht führen. Wo
keine klaren Angaben zur Tierhaltung stehen, steckt
meist Intensivhaltung hinter dem idyllisch gestalteten
Etikett.

Schlucken Sie Ihren Ärger nicht einfach runter!

Ungeziefer im Müsli, fehlender Grundpreis am Regal, weniger Inhalt zum gleichen Preis, das Einwickelpapier zum Salamipreis oder dreiste Werbelügen: Schlucken Sie nicht alles, was Ihnen Lebensmittelhersteller, Handel und Gastronomie so auftischen. Die Food-Branche darf wissen, dass sie es mit kritischen und anspruchsvollen Konsumenten zu tun hat und sich nicht alles erlauben kann.

Dabei ist es gut zu wissen, an wen Sie sich mit welcher Beschwerde wenden können. Für verschiedene Beschwerdegründe gibt es nämlich unterschiedliche Ansprechpartner und Institutionen. Wir stellen Ihnen die wichtigsten Adressaten für Ihren Frust vor und nennen Ihnen die Vor- und Nachteile des jeweiligen Weges.

Stellen Sie bei Beanstandungen so viele Informationen wie möglich zur Verfügung:

- Name und Packungsgröße des Produkts
- Name und Adresse des Herstellers oder der Handelskette
- Chargennummer des Produkts
- Mindesthaltbarkeitsdatum
- Datum und Ort des Kaufs; der Kassenbeleg ist ein wichtiger Nachweis
- Wenn Sie Qualitätsmängel feststellen, offensichtliche Verunreinigungen oder Fremdkörper finden: Lebensmittel aufbewahren, wenn nötig kühlen oder einfrieren und mit abgeben, zumindest aber ein Foto davon machen.

Reklamation beim Hersteller

Sie haben den Eindruck, dass bei einem Produkt, das Sie gut kennen, seit einiger Zeit qualitativ minderwertige Zutaten verwendet werden? Wirbt Ihr Lieblingsfrischkäse mit „neuer Rezeptur", aber die Zutatenliste verrät, dass eine Zutat nur durch eine andere, billigere ersetzt wurde? Vielleicht entdecken Sie auch, dass der Joghurtbecher statt der vermeintlichen 500 Gramm plötzlich nur noch 400 Gramm enthält, bei Produktverpackung und Preis aber alles beim Alten geblieben ist (siehe Seite 176). Über solche Ärgernisse sollten Sie den Hersteller in Kenntnis setzen und sich beschweren. Auch allzu dreiste Werbelügen müssen Sie nicht hinnehmen. Lassen Sie die Anbieter spüren, dass Sie sich nicht für dumm verkaufen lassen, und dass Sie solche Produkte ggf. nicht mehr kaufen werden. Wenn Sie hier kein Gehör finden, wenden Sie sich an Ihre Verbraucherzentrale (Adressen siehe Seite 240 f.).

[] Tipp

Bedenken Sie, dass alles, was Sie mit dem Hersteller direkt klären, in der Regel unter den Beteiligten bleibt. Sie erfahren nicht, ob der Hersteller den Mangel generell abstellt oder so weitermacht. Außerdem ist Ihr „Beweismittel" weg, da Sie die beanstandete Ware in der Regel einsenden müssen. Sie haben in diesem Fall keinen Rechtsanspruch auf Ersatz – den hätten Sie bei mangelhafter Ware gegenüber dem Händler.
In den meisten Fällen wird sich der Hersteller kulant zeigen – vor allem um zu verhindern, dass Sie den Fall an die große Glocke hängen und ihm so einen Imageschaden bescheren. Der würde ihn nämlich viel teurer zu stehen kommen als eine großzügig bemessene Ersatzlieferung des von Ihnen beanstandeten Produkts, die dafür sorgt, dass Sie der Marke weiterhin gewogen bleiben.

Reklamation beim Händler oder im Laden

An den Händler oder Filialleiter am Einkaufsort sollten Sie sich wenden, wenn beispielsweise

- der Preis an der Kasse von der Angabe am Regal abweicht;
- die Präsentation der Waren ungepflegt wirkt, welkes oder angeschimmeltes Obst und Gemüse angeboten wird, die Kühltruhe vereist oder überfüllt ist;
- Sie Ware mit abgelaufenem Verbrauchsdatum oder verdorbene Ware im Laden oder in Ihrem Einkauf entdecken;
- die Grundpreisangabe am Regal fehlt;
- Sie feststellen, dass Ihnen beim Abwiegen loser Ware an der Bedientheke das Verpackungsmaterial zum Lebensmittelpreis mitberechnet wird.

 Tipp

Es kann passieren, dass eine Orange im Netz angefault ist oder ein Grundpreis nicht korrekt angegeben wurde. Wenn Sie aber solche Waren immer wieder vorfinden oder Missstände wie Hygienemängel dauerhaft beobachten, ist dies mangelnde Sorgfalt und somit ein Fall für die Lebensmittelüberwachung. Denn auch beim Bereinigen der Beschwerde mit dem Händler gilt dasselbe wie beim Hersteller: Der Fall wird nicht publik gemacht, er hat keine Kontrollen zur Folge, und im ungünstigsten Fall ändert sich auch auf Dauer nichts.

Lebensmittelüberwachung: Dafür ist sie zuständig

Die amtliche Lebensmittelüberwachung soll Verbraucher vor Gefahren und Irreführung schützen. Sie hat dafür zwei Wege: Sie führt planmäßige Betriebskontrollen und Lebensmitteluntersuchungen im Handel, bei Herstellern und in Gastronomiebetrieben durch. Außerdem wird sie in Beschwerde- und Verdachtsfällen aktiv.

Mit diesen Beschwerdegründen sind Sie bei der Lebensmittelüberwachung richtig:

- das Mindesthaltbarkeitsdatum ist manipuliert, zum Beispiel überklebt;
- (offensichtlich) verdorbene Produkte werden angeboten;
- die hygienischen Zustände sind auf Dauer mangelhaft, zum Beispiel an Bedientheken oder in den Verkaufsräumen;
- Lebensmittel werden beim Händler offensichtlich falsch gelagert (zum Beispiel Kühlschränke oder Kühltruhen kühlen nicht ausreichend, Tiefkühlware ist dadurch angetaut);
- ein Lebensmittel, das Sie gekauft haben, hat einen auffälligen Geruch oder Geschmack;
- von einem Lebensmittel geht ein gesundheitliches Risiko aus (es enthält zum Beispiel Glassplitter, Metall- oder Plastikteile, die während der Verarbeitung beim Hersteller hineingelangt sind);
- Sie haben gesundheitliche Beschwerden (zum Beispiel Übelkeit) nach dem Verzehr eines Lebensmittels oder im Anschluss an ein Essen im Restaurant oder an der Imbissbude;
- die Pflichtangaben (siehe Klappentext) auf einem Lebensmittel fehlen;
- die Werbung und Aufmachung eines Lebensmittels ist offensichtlich irreführend.

Lebensmittelüberwachung ist Ländersache und damit in jedem Bundesland anders organisiert und ausgestattet. Ihre Anlaufstelle ist die Behörde des Landes, in dem Sie das bemängelte Produkt gekauft haben.

Leider gibt es keinen zentralen Überblick über die örtlichen Lebensmittelüberwachungsämter in den Bundesländern.

[] Tipp

Für eine Überprüfung des von Ihnen gemeldeten Falles durch die Lebensmittelüberwachung entstehen Ihnen keine Kosten. Die Lebensmittelüberwachung ist auf Ihre Mitarbeit angewiesen und verfolgt Ihre Beschwerde, wenn sie plausibel ist. Der Hersteller, der Handel oder der gastronomische Betrieb werden dann ggf. kontrolliert. Durch Ihre Beschwerde bewahren Sie also möglicherweise auch andere Verbraucher vor Schaden und sorgen dafür, dass dem Unternehmen künftig stärker auf die Finger geschaut wird. Das Geld, das Sie für das bemängelte Produkt bezahlt haben, bekommen Sie von der Lebensmittelüberwachung allerdings nicht zurück – und das Produkt als Beweismittel verbleibt natürlich für Untersuchungen dort.

Das Bundesinstitut für Risikobewertung (BFR; unter www.bfr.bund.de, Rubrik „Links", dann „Länder") und das Bundesamt für Verbraucherschutz und Lebensmittelsicherheit (BVL; unter www.bvl.bund.de, Rubrik „Lebensmittel", dann „Aufgaben", im Bereich „Lebensmittel", „Wer macht was") stellen Übersichten der zuständigen Länderministerien und der nachgeordneten Behörden im Internet zur Verfügung, von denen aus Verbraucher mehr oder weniger leicht zu den zuständigen Behörden vor Ort finden.

Das Internetportal www.lebensmittelwarnung.de bündelt die Informationen der Länderüberwachungen. Es wird vom BVL betrieben. Hier können Sie sich zentral über die Warnungen vor Lebensmitteln informieren, bei deren Verzehr eine Gesundheitsgefahr besteht. Anhand der Los- oder Chargennummer, die jedes verpackte Lebensmittel tragen muss, lässt sich klären, ob es aus der betroffenen Lieferung stammt.

Ordnungsämter – Ordnung muss sein!

Fehlt die Grundpreisangabe (siehe Seite 181) am Regal, ist dies ein Verstoß gegen den Grundsatz von „Preisklarheit und Preiswahrheit" und die Vorschriften der Preisangabenverordnung (PAngV). Hier kümmert sich das Ordnungsamt, das sich in vielen Städten mit der Lebensmittelüberwachung unter einem Dach befindet.

Zum Eichamt bei „Gewichtsproblemen"

Das Eichamt ist grundsätzlich zuständig, wenn die angegebene Füllmenge auf der Verpackung nicht mit der tatsächlichen Füllmenge des Produkts übereinstimmt. Es ist auch Ansprechpartner, wenn an der Bedientheke zum Beispiel das Einwickelpapier auf der Waage mitgewogen wurde und unzulässigerweise zum Preis des teuren Parma-Schinkens mitverkauft wurde oder die Pappschale zum Erdbeerpreis mitgewogen wurde. Beim Abwiegen muss nämlich die Tarataste für die Verpackung eingestellt sein oder aber gedrückt werden. Sie können das daran erkennen, dass die Waage vor dem Abwiegen einen Minuswert anzeigt. Ist der Tarawert im Produktspeicher der Waage berücksichtigt, können Sie das zum Teil auf dem Kassenzettel erkennen. Das Nachwiegen mit Ihrer Küchenwaage liefert Ihnen keine verwertbaren Ergebnisse, sie sind in der Regel ungenau.

Für Abweichungen von der Nettofüllmenge bei Fertigpackungen gibt es unterschiedliche zulässige Toleranzen (siehe Seite 173). Nur wenn diese unterschritten werden, liegt tatsächlich eine Unterfüllung vor, die das Eichamt beim Hersteller beanstandet. Auch ob es sich bei einer übergroßen Packung tatsächlich um eine Mogelpackung (siehe Seite 169), also um eine

Täuschung im rechtlichen Sinn und damit einen Verstoß gegen das Gesetz gegen unlauteren Wettbewerb handelt, schätzt die Behörde ein. Ob tatsächlich ein Verstoß vorliegt, entscheiden jedoch die Gerichte im Einzelfall. Zuständig für Ihre Beschwerde sind die Eichbehörden der Bundesländer. Eine Übersicht finden Sie hier: **www.eichamt.de**

www.lebensmittelklarheit.de – Das Internetportal der Verbraucherzentralen

Das kennen Sie sicher: Auf dem Fruchtdessert sind leckere Früchte abgebildet, aber ein näherer Blick auf die Zutatenliste zeigt, dass ausschließlich Aromen für den Geschmack sorgen. Oder haben Sie sich schon nach einem genauen Blick auf die Verpackung über die prominente, aber leider irreführende Werbung geärgert, das Produkt stamme „aus der Region", sei aus „traditioneller Herstellung" oder besonders gesund? Ob klangvolle Namen, verlockende Abbildungen hochwertiger Zutaten, nebulöse Qualitätsversprechen oder selbst verliehene Siegel: Es ist leider gängige Praxis, dass Hersteller Produkteigenschaften vortäuschen und Erwartungen wecken, die die Lebensmittel nicht erfüllen.

Verbraucher wenden sich seit Jahrzehnten mit Beschwerden und Anfragen an die Verbraucherzentralen in den Bundesländern, weil sie sich durch die Aufmachung, Bewerbung und Kennzeichnung von Lebensmitteln, Schlankheits- oder Nahrungsergänzungsmitteln getäuscht fühlen. Meist sind die beanstandeten Produkte (kennzeichnungs-)rechtlich in Ordnung: Wer auf jedem verarbeiteten Lebensmittel jederzeit das Kleingedruckte kontrolliert und richtig zu interpretieren weiß, kann sich manche Enttäuschung nach dem Kauf ersparen. Aber in manchen Fällen bestehen Kennzeich-

nungslücken oder gesetzliche Bestimmungen, die nicht
mehr den heutigen Verbrauchererwartungen entsprechen. Hätten Sie zum Beispiel gewusst, dass schwarze
Oliven, in deren Zutatenliste „Stabilisator Eisen-II-
Gluconat" steht, eigentlich grüne Oliven sind, die durch
den Zusatzstoff Eisen-II-Gluconat schwarz gefärbt sind?

Das Internetportal www.lebensmittelklarheit.de befasst
sich mit den Grenzbereichen dessen, was rechtlich
geregelt ist, was der allgemeinen Rechtsauffassung entspricht und wo der Täuschung Tür und Tor geöffnet sind,
weil es im Lebensmittelrecht an Konkretisierungen fehlt.

Verbraucherportal mit Breitenwirkung

Wenn Sie sich durch Aufmachung oder Kennzeichnung
eines Lebensmittels getäuscht fühlen, melden Sie es
bei www.lebensmittelklarheit.de (siehe Seite 8):
- die Internetredaktion begutachtet die Beschwerde,
- kontaktiert den Hersteller,
- bittet ihn innerhalb einer Frist um Stellungnahme zu
  dem Täuschungsvorwurf und
- veröffentlicht irreführende oder täuschende Produkte – samt der Stellungnahme des Herstellers.

Das bleibt nicht ohne Wirkung: Etwa ein Drittel der gemeldeten und veröffentlichten Produkte wurde von den
Anbietern geändert. Einige Produktkennzeichnungen
oder -aufmachungen sind nachvollziehbar verbraucherfreundlicher gestaltet. Allerdings bedeutet die Veränderung nicht immer eine optimale Kennzeichnung.
Die Redaktion von lebensmittelklarheit.de aktualisiert
und bewertet, ob es sich um reine „Verpackungskos-
metik" handelt. Das Portal bietet darüber hinaus einen
umfangreichen Informationsbereich rund um Kennzeichnung und Aufmachung von Lebensmitteln und ein

Expertenforum, das Verbraucherfragen beantwortet. An den regelmäßigen Umfragen können sich Nutzer aktiv beteiligen. Zusätzlichen Service liefern RSS, ein Newsletter und die Barcoo-App, mit der gemeldete Produkte unterwegs beim Einkauf abgerufen werden können.

Ärger mit Lebensmitteln? Verbraucherzentralen helfen

Die Experten der 16 Verbraucherzentralen der Bundesländer informieren Sie über Ihre Rechte im Bereich Lebensmittel und Ernährung. Sie schätzen ein, ob Sie Ansprüche gegen den Hersteller oder Händler geltend machen können. Sie weisen Ihnen gegebenenfalls auch den Weg zur passenden Beschwerdestelle. Die Verbraucherzentralen haben allerdings – anders als die Behörden – keine amtlichen Kontrollbefugnisse. Sie können auch keine eigenen labortechnischen oder sensorischen Untersuchungen durchführen und weder das mangelhafte Produkt ersetzen noch die Kosten erstatten.

Gut zu wissen

Bei irreführender Produktkennzeichnung und -werbung können die Verbraucherzentralen das Mittel der Verbandsklage einsetzen. Sie haben das Recht, stellvertretend für den einzelnen Verbraucher von Unternehmen die Unterlassung einer unzulässigen oder irreführenden Werbeaussage zu fordern oder auch gegen diese zu klagen. Auf diese Weise setzen sie die Einhaltung von Verbraucherrechten im Interesse vieler Verbraucher gerichtlich durch. Eine Befugnis für Verbandsklagen erhalten Einrichtungen und Vereine, die eine sachgerechte Aufgabenerfüllung gewährleisten. Voraussetzung dafür ist, dass der Verein qualifizierte Fachkräfte hat, die Verbraucher aufklären und beraten können.

Politische Forderungen der Verbraucherzentralen

Klartext statt Verbrauchertäuschung bei Lebensmitteln

„Verbrauchertäuschung im Lebensmittelmarkt ist kein Einzelfall – der politische Handlungsdruck ist hoch". So lautete die Bilanz zum zweiten Jubiläum von lebensmittelklarheit.de im Juli 2013. Tausende von Produktmeldungen und Anfragen an das Internetportal zeigen deutlich, wo Verbrauchern der Schuh drückt und wo Handlungsbedarf besteht: Es geht um mehr Klartext und Wahrheit bei der Kennzeichnung und Aufmachung von Lebensmitteln durch richtige, eindeutige und verständliche Informationen auf den Verpackungen. Bei den gemeldeten Produkten geht es meist um Begriffe und Bilder auf Lebensmittelverpackungen und unklare oder gezielte Falschinformationen insbesondere auf der Vorderseite der Verpackungen. Dadurch werden Verbraucher häufig getäuscht. Auch wenn einige Unternehmen auf Verbraucherbeschwerden hin reagieren und ihre Produktaufmachungen verbessern, reicht das längst nicht aus.

Unsere Forderungen: Für umfassende Verbesserungen der Lebensmittelkennzeichnung und -aufmachung müssen rechtliche Regelungen und Leitsätze des Deutschen Lebensmittelbuchs konkretisiert, aktualisiert oder ergänzt werden. Dafür müssen der Gesetzgeber und die Deutsche Lebensmittelbuchkommission sorgen.

Um Änderungen anzustoßen, ist die Sicht der einzelnen Verbraucher unverzichtbar: Und wenn diese Erwartungen mit Hilfe von repräsentativen Daten untermauert werden, ist der letzte Beleg für notwendige Veränderungen am bestehenden Kennzeichnungsrecht geliefert.

Die Lebensmittelinformationsverordnung – ausbaufähig!

Hinter diesem sperrigen Begriff – kurz LMIV – stecken langjährige Debatten im europäischen Parlament. Die Verordnung wurde 2011 verabschiedet. Sie regelt, aktualisiert und modernisiert die bisher in Richtlinien festgelegten Regelungen zur Kennzeichnung und Bewerbung von Lebensmitteln. Die meisten Regelungen gelten jedoch erst seit Dezember 2014, die für Nährwertangaben sogar erst ab Ende 2016. Leider wurden wesentliche verbraucherpolitische Forderungen der Verbraucherverbände nicht umgesetzt – ein „Verdienst" der Lobbyisten der Lebensmittelwirtschaft, die gegen die Verordnung Sturm gelaufen sind.

Klare Bezeichnungen auf die Vorderseite!

Die verbindlich vorgeschriebene Bezeichnung eines Lebensmittels soll Auskunft über seine tatsächliche Beschaffenheit geben und zeigen, woraus es sich zusammensetzt. Sie unterscheidet sich vom reinen Namen – der Fantasiebezeichnung des Anbieters, meist prominent auf dem Hauptsichtfeld (siehe Glossar, Seite 236) der Verpackung und wenig konkret. Fakt ist aber, dass zum Teil erst die Rückseite der Verpackung Auskunft über die wahre Zusammensetzung eines Lebensmittels gibt. So kann sich hinter dem Produktnamen „Trüffel-Tortelloni" durchaus eine Teigware mit minimalem Trüffelgehalt von unter 0,7 Prozent und zugesetztem künstlichem Trüffelaroma verstecken. Das wird aber erst beim Lesen der Zutatenliste und/oder der Bezeichnung im Kleingedruckten auf der Rückseite klar (siehe Seite 47). Zudem entsprechen die Produktnamen nicht immer dem Verständnis der Verbraucher oder sind nicht aussagekräftig genug. Sie müssen darum immer mit dem Zutatenverzeichnis gelesen werden.

Nach der neuen LMIV ist die Bezeichnung eines Lebensmittels auf jeder Verpackung Pflicht. Wo sie stehen
muss, das ist allerdings nicht klar geregelt. Die verpflichtenden Informationen über Lebensmittel sollen jedoch
an einer gut sichtbaren Stelle deutlich und gut lesbar
platziert sein. Das würde bedeuten, dass Hersteller sie
zukünftig nicht mehr schlecht lesbar im Kleingedruckten
oder unter einer Verpackungsfalz verstecken dürfen.

Unsere Forderungen: Die Bestimmungen der LMIV
müssen an dieser Stelle nachgebessert werden: Die
Bezeichnung eines Lebensmittels gehört in das Hauptsichtfeld einer Verpackung. Verbraucher müssen auf einen Blick erkennen, um was für ein Lebensmittel es sich
handelt. Zudem muss der Maßstab für die Produktbezeichnung das aktuelle Verbraucherverständnis sein.

Für Durchblick sorgen – Lesbarkeit verbessern

Die Informationen und Kennzeichnungselemente auf
Lebensmittelverpackungen müssen für jeden gut les-
bar sein. Die Praxis sieht anders aus: Vor allem ältere
Verbraucher beklagen die teilweise lächerlich kleine
Schrift, die ohne Lupe häufig nicht zu entziffern ist.

Die LMIV schreibt seit Ende 2014 erstmalig eine verbindliche Schriftgröße für die Pflichtangaben einer Verpackung vor. Das ist zwar begrüßenswert, doch die
Schriftgröße muss nur mindestens 1,2 Millimeter, bezogen auf die Buchstabenhöhe des kleinen „x", betragen. Bei Verpackungen mit kleineren Flächen als 80 cm²
sind es sogar nur 0,9 Millimeter: Das ist deutlich zu
klein! Konkrete Vorschriften zu einem Mindestkontrast
oder einer geeigneten Farbe müssen erst noch festgelegt werden. Dabei sind der Kontrast und die Farbwahl
fast genauso wichtig wie die Schriftgröße. Wird zum
Beispiel ein Zutatenverzeichnis in vielen Sprachen in

weißer Schrift auf durchsichtiger Folie im Falz der Verpackung abgebildet, ist die gute Lesbarkeit illusorisch.

Unsere Forderungen: Die EU-Kommission muss so schnell wie möglich einheitliche und praxistaugliche Empfehlungen zur Lesbarkeit von Verpackungsangaben entwickeln. Hier müssen die Vorgaben der LMIV nachgebessert werden. Die Mindestschriftgröße muss mindestens 3 Millimeter sein.

Versteckspiel mit Zutaten beenden!

Die Zutatenliste gehört zu den wichtigsten Informationen auf den Lebensmittelverpackungen. Sie soll dem Käufer konkrete Hinweise über die Zusammensetzung eines Lebensmittels liefern. Tatsächlich ist sie aber auf einigen Lebensmitteln wie bestimmte Milchprodukte und Käse nicht vorgeschrieben.

Unsere Forderungen: Die Zutatenlisten müssen für alle verpackten Lebensmittel verpflichtend werden. Ausnahmebestimmungen müssen beseitigt werden.

Zutatenabbildungen – was gezeigt wird, muss drin sein!

Aussagekräftige, ansprechende Lebensmittelverpackungen samt Namen sollen Verbraucher zum Kauf animieren. Die Darstellung oder Auslobung von Zutaten führt aber häufig zu Missverständnissen und enttäuschten Erwartungen bei Verbrauchern: So werden zum Beispiel Fruchtsäfte mit exotischen Fruchtabbildungen oder -namen beworben, obwohl diese Früchte nur in minimalen Mengen enthalten sind. Gleichzeitig werden preisgünstigere Hauptzutaten verschleiert. Für Zutaten, die weniger als zwei Prozent ausmachen, müssen Hersteller sogar überhaupt keine Mengen angeben.

Die Erwartung, welche Menge einer ausgelobten Zutat mindestens in einem Lebensmittel vorkommen sollte, ist so unterschiedlich wie die Menschen, die es kaufen. Deshalb bieten Vorschriften über Mindestmengen in Lebensmitteln keine Lösung. Ergebnisse aktueller Verbraucherforschung zeigen, dass Verbraucher sich in der Kombination von Wort und Bild über ein Produkt informieren. Täuschung ist bei der Kennzeichnung und Aufmachung von Lebensmitteln grundsätzlich verboten. Um Verbraucher vor Täuschung zu schützen, sollten daher relativierende Angaben wie „mit xy % Fruchtanteil" deutlich sichtbar auf der Schauseite der Verpackungen stehen.

In der Realität missbrauchen Hersteller oft den „Serviervorschlag" auf der Verpackung, um skurrile Abbildungen rechtssicher zu machen. In solchen Fällen wird auch schon mal die gar nicht im Produkt enthaltene Ente (siehe Seite 67) salonfähig gemacht, obwohl sie lediglich die Geschmacksrichtung symbolisieren soll.

Unsere Forderungen: Die dargestellten und werblich hervorgehobenen Zutaten auf Lebensmittelverpackungen müssen der tatsächlichen Zusammensetzung entsprechen. Die genauen Mengen müssen auf der Schauseite der Verpackung gut auffindbar, gut lesbar und genau benannt werden, erst recht wenn geringste Mengen hervorgehoben werden. Abbildungen von Zutaten dürfen nicht erlaubt sein, wenn ausschließlich Aromen den Geschmack liefern. In solchen Fällen muss direkt im Hauptsichtfeld der Verpackung der Hinweis „aromatisiert" oder „mit Aroma" erfolgen. Die LMIV muss angepasst werden: Hersteller werden verpflichtet, die Angaben zu genannten und abgebildeten Zutaten in direkter Umgebung zum Namen des Produktes und in angemessener Größe anzugeben.

Die Schleier lüften: Ursprung und Herkunft benennen!

Anfragen an das Portal zeigen: Verbraucher wollen wissen, wer ein Lebensmittel hergestellt hat und woher es kommt. Die Realität sieht aber meist anders aus: Statt des Herstellers kann nach geltendem Recht auch der Verpacker oder Verkäufer angegeben sein. Angaben wie „hergestellt für …" haben kaum eine Aussagekraft.

Nach den neuen Bestimmungen der LMIV muss grundsätzlich das Ursprungsland oder der Herkunftsort auf Produkten angegeben werden, wenn ohne diesen Hinweis eine Irreführung des Verbrauchers über die tatsächliche Herkunft – etwa durch eine entsprechende Aufmachung des Produktes - möglich wäre. Auch hier ist der Gesetzgeber auf halber Strecke stehen geblieben: Der Hinweis kann sich auch im Kleingedruckten verstecken. Konsequenter wäre es gewesen, Hinweise und Aufmachungen zu verbieten, die eine bestimmte Herkunft vortäuschen können. Ursprungs- und Herkunftsangaben sind nur bei wenigen Lebensmittelgruppen eine Pflichtkennzeichnung, die sich zudem weitgehend auf unverarbeitete Ware beschränkt. So muss beispielsweise bei den meisten frischen Obst- und Gemüsearten das Ursprungsland angegeben sein, während es auf Tiefkühlobst und -gemüse und auf Konserven fehlen darf.

Die EU-Kommission hat in einer Folgenabschätzung für verschiedene weitere Lebensmittelgruppen prüfen lassen, inwiefern die Angaben von Ursprungsland und

Herkunftsort notwendig und praktikabel sind. Erste bekannt gewordene Prüfergebnisse für Fleisch als Zutat sind dabei aus Sicht der Verbraucher wenig zufriedenstellend (s. Kasten „Gut zu wissen" Seite 91).

Unsere Forderungen:
Herstellerangaben gehören auf alle Lebensmittelverpackungen. Die LMIV ist anzupassen: Der Hersteller sollte verpflichtend auf der Verpackung genannt sein, Verpacker und Verkäufer allenfalls zusätzlich.

Angaben zum Ursprungsland verbessern! Die Angabe des Ursprunglandes muss generell auf unverarbeiteten Lebensmitteln und für die wesentlichen, wertgebenden Zutaten in verarbeiteten Lebensmitteln verpflichtend werden. Die LMIV ist entsprechend zu ergänzen.

Qualitätseigenschaften klar definieren und auszeichnen!

Die Werbung mit Qualitätseigenschaften wie Region, Tradition oder Tierschutz birgt ein großes Täuschungspotenzial: Bei den Qualitätsversprechen handelt es sich nämlich um sogenannte Vertrauenseigenschaften, die Verbraucher nicht am Produkt beim Einkauf überprüfen können. So werben Anbieter zum Beispiel durch Abbildungen, Zutatenhervorhebungen oder den Produktnamen mit regionalen Bezügen. Selten wird dem Verbraucher deutlich, auf welchen Aspekt sich der Hinweis auf die Region bezieht – auf die Rezeptur, die Herkunft der Rohstoffe oder den Produktionsort.

Unsere Forderungen: Es sind eindeutige verbindliche Regeln erforderlich, wann und in welcher Form Unternehmen mit Qualitätseigenschaften werben dürfen. Die Bundesregierung muss gesetzliche Kriterien für die

Verwendung des Begriffs „regional" oder vergleichbare Formulierungen schaffen.

Verbot von Werbung mit „frei von ...", wenn Zutaten gleicher Wirkung enthalten sind

Anbieter werben damit, dass bestimmte Inhaltsstoffe nicht enthalten sind, zum Beispiel „frei von ..." oder „ohne ...". Häufig werden jedoch andere Zutaten mit der gleichen Wirkung eingesetzt. Wird zum Beispiel ein Produkt mit dem Hinweis „ohne Zusatzstoff Geschmacksverstärker" beworben, kann es durchaus sein, dass es Hefeextrakt als geschmacksverstärkende Zutat enthält.

Unsere Forderung: Wir brauchen ein Verbot der Werbung für nicht vorhandene Zusatzstoffe oder Zutaten, wenn Stoffe gleicher Wirkung enthalten sind.

Mehr Gewicht für Verbraucherinteressen: Die Leitsätze des Deutschen Lebensmittelbuches modernisieren

Das Deutsche Lebensmittelbuch ist eine Sammlung von Leitsätzen, mit denen die Zusammensetzung, Beschaffenheit und Herstellung unterschiedlicher Produktgruppen beschrieben wird. Eine paritätisch aus Vertretern der Wissenschaft, der Lebensmittelwirtschaft, der Lebensmittelüberwachung und von Verbraucherschützern zusammengesetzte Kommission formuliert in den Leitsätzen die sogenannte Verkehrsauffassung all derer, die am Lebensmittelmarkt beteiligt sind. Vor allem wird „der redliche Hersteller- und Handelsbrauch unter Berücksichtigung der Erwartung des Durchschnittsverbrauchers an die betreffenden Lebensmittel" in den Leitsätzen festgehalten. Gibt es kei-

ne speziellen Produktverordnungen, orientieren sich
Hersteller bei der Bezeichnung und Zusammensetzung
ihrer Produkte an den Leitsätzen. Hersteller können
auch von den Regelungen der Leitsätze abweichen,
wenn die neue Zusammensetzung eines Produktes
den Verbrauchern ausreichend kenntlich gemacht
wird. Es darf zu keinen Verwechslungen mit Leitsatz-
produkten kommen.

Der nicht zu unterschätzende Vorteil der Leitsätze ist
die Beschreibung einer Mindestqualität, derer sich der
Verbraucher sicher sein kann. Zu kritisieren ist jedoch
die vergleichsweise langsame Arbeitsweise des Gremiums: Den Entwicklungen auf dem Lebensmittelmarkt
hinken die Leitsätze und die darin beschriebenen
Verkehrsauffassungen erheblich hinterher. Notwendige Anpassungen werden beispielsweise wegen des
Einstimmigkeitsprinzips blockiert. Prominentestes
Beispiel hierfür ist das Scheitern eines allgemeingül-
tigen horizontalen Leitsatzes zur Aufmachung und
Kennzeichnung von Lebensmitteln mit Mindestanfor-
derungen für eine klare und wahre Kennzeichnung. Die
Ergebnisse einer Evaluierungsstudie zum Deutschen
Lebensmittelbuch sowie die Überarbeitung der Ge-
schäftsordnung und der Abstimmungsmodalitäten des
Gremiums werden gerade intensiv diskutiert.

Die Leitsätze sind verhältnismäßig oft die Ursache für
enttäuschte Verbraucher. Das liegt daran, dass die darin
beschriebenen Verkehrsauffassungen und Produktbezeichnungen veraltet sind und mittlerweile von dem
aktuellen Verbraucherverständnis und der -erwartung
abweichen. So ist der Bayerische Leberkäse ohne Leber oder die Geflügelleberwurst mit einem Anteil an
Schweineleber zwar so in den Leitsätzen beschrieben,
Verbraucher erwarten hinter den Bezeichnungen mittlerweile aber etwas anderes als der Hersteller produziert.

Die Konsequenz: 72 Prozent aller Verbraucher fühlen sich am Lebensmittelmarkt getäuscht, wie eine Studie des Verbraucherzentrale Bundesverbands gezeigt hat.

⁝ Gut zu wissen

Die in den Leitsätzen beschriebenen Mindestqualitäten beziehen sich auf Zutaten und Verarbeitungsschritte. Hersteller, die eine Bezeichnung für ihr Produkt aus dem Deutschen Lebensmittelbuch wählen, sollten sicherstellen, dass dieses dem zugehörigen Leitsatz entspricht. Davon unabhängig ist die lebensmittelhygienisch einwandfreie Qualität eines Lebensmittels. Sie ist für alle in den Verkehr gebrachten Lebensmittel gleichermaßen verpflichtend.

Unsere Forderungen: Aus Verbrauchersicht täuschende Produktbezeichnungen der Leitsätze müssen in jedem Einzelfall so ergänzt werden, dass Täuschungen oder Verwechslungen nicht mehr zu erwarten sind. Das aktuelle Verbraucherverständnis muss der Maßstab für Produktbezeichnungen sein, die in den Leitsätzen festgelegt werden. Das muss ein horizontaler, also allgemeingültiger Leitsatz im Deutschen Lebensmittelbuch festlegen. Die Verbrauchererwartung muss viel mehr als früher und deutlich stärker bei der Beschreibung der Verkehrsauffassung berücksichtigt werden.
So müsste zum Beispiel in einem horizontalen Leitsatz festgelegt werden, dass die Bezeichnung eines Lebensmittels generell deutlich lesbar auf die Vorderseite der Verpackung gehört. Die Lebensmittelbuch-Kommission muss zudem mit ausreichenden Mitteln für Befragungen der Verbraucher ausgestattet werden.

Glossar

Allergenkennzeichnung: Die wichtigsten Allergene – sie verursachen 90 Prozent aller Lebensmittelallergien – müssen auf verpackten Lebensmitteln immer deklariert werden. Dazu gehören glutenhaltiges Getreide, Fisch und Krebstiere, Eier, Erdnüsse, Soja, Milch bzw. Laktose, diverse Nussarten, Sellerie, Senf, Sesamsamen, Schwefeldioxid und Sulfite (in einer Konzentration von mehr als 10 mg/kg oder 10 mg/l), Lupinen und Weichtiere. Sind diese Hauptallergene als Zutaten vorhanden, so findet man sie entweder in der Zutatenliste oder als Teil der Bezeichnung. Auch ein Hinweis wie „enthält Soja" ist möglich. Auch bei loser Ware erhalten Käufer Informationen über die wichtigen Allergene. Diese können aber mündlich erfolgen.

Analogkäse: Käseimitat, auch Käseersatz oder Kunstkäse genannt, wird nicht oder weitgehend nicht aus Milch, sondern meist aus einer Mischung aus Pflanzenfett, Wasser, Eiweiß, Aromen und Farbstoffen hergestellt. Er wird hauptsächlich in der Gastronomie, bei Fertigprodukten und Bäckereiprodukten wie Käsebrötchen eingesetzt und ist erheblich kostengünstiger als echter Käse. In Aussehen und Geschmack ist er von echtem Käse schwer zu unterscheiden. Gegen die Vorschrift, dass weder durch Aufmachung, Werbung oder Etikett der Eindruck erweckt werden darf, dass es sich bei dem Imitat um Käse handelt, wird häufig verstoßen.

Aroma: Aromen werden Lebensmitteln zugesetzt, um ihnen einen besonderen Geruch und/oder Geschmack zu verleihen. Die Bezeichnung „künstliches Aroma" gibt es lebensmittelrechtlich nicht mehr, sondern nur noch den Überbegriff „Aroma". Wird Aroma als „natürlich" bezeichnet, so stammt es aus natürlichen Quellen, aber nicht unbedingt aus Lebensmitteln. Heißt es aber etwa „natürliches Himbeeraroma", so muss dieses zu 95 Prozent aus Himbeeren stammen.

Bezeichnung: Die Bezeichnung – früher Verkehrsbezeichnung genannt – zählt zu den Pflichtkennzeichnungen. Sie beschreibt das Lebensmittel, indem sie seine Art und die charakteristischen Merkmale angibt. Im Gegensatz zum Produktnamen, der fantasievoll sein darf, bleiben Bezeichnungen sachlich, zum Beispiel „Mehrfrucht-Fruchtsaftgetränk" oder „Milchmischgetränk mit Bananengeschmack".

„Clean Label": Als Clean Label (engl. = „sauberes Etikett") bezeichnet man werbliche Siegel oder Hinweise auf Lebensmitteln, die auf das Fehlen bestimmter Zusatzstoffe und/oder Aromen verweisen, zum Beispiel „ohne Zusatzstoff Geschmacksverstärker". Lebensmittel mit Clean Label enthalten statt der Zusatzstoffe allerdings häufig Zutaten mit ähnlicher Wirkung (zum Beispiel farbige Pflanzenextrakte zur Färbung oder Hefeextrakt zur Geschmacksverstärkung).

Convenience-Produkte (engl. = Bequemlichkeit, Komfort): Lebensmittel, bei denen einzelne oder mehrere Zubereitungsschritte schon vom Hersteller vorgenommen wurden. Man unterscheidet sie in küchenfertig (zum Beispiel unzubereitetes Tiefkühl-Gemüse, Fischfilet); garfertig (zum Beispiel Nudeln oder Tütensuppen); zubereitungsfertig (zum Beispiel Suppenkonserven, Tiefkühl-Fertiggerichte oder Kartoffelpüreepulver); verzehrsfertig (Fischkonserven, Backwaren, Speiseeis oder Fruchtjoghurt).

E-Nummern: siehe Zusatzstoffe

EU-Lebensmittelinformationsverordnung (LMIV): Die Verordnung soll für klare Verbraucherinformationen beim Lebensmitteleinkauf sorgen und europaweit einheitlich die Kennzeichnung von Lebensmitteln und deren Nährwerte regeln.
Sie löste im Dezember 2011 die nationalen Verordnungen ab. Unter anderem schafft die LMIV einheitliche Kennzeichnungen für Allergene, für Kalorien- und Nährwertangaben, Angaben zu Mindesthaltbarkeits- oder Verbrauchsdatum, für Lebensmittelimitate und zu Herkunftsort und Ursprungsland. Viele Regelungen müssen seit Dezember 2014 umgesetzt sein, die zur einheitlichen Nährwertkennzeichnung erst Ende 2016.

European Food Safety Authority (EFSA) – Europäische Behörde für Lebensmittelsicherheit: Die EFSA befasst sich mit allen Themen, die Auswirkungen auf die Lebensmittel- oder Futtermittelsicherheit haben (Tiergesundheit, Tierschutz, Pflanzenschutz, Pflanzengesundheit, Ernährung). Sie bietet wissenschaftliche Beratung und Informationen in Form von Stellungnahmen oder Risikobewertungen im Zusammenhang mit der Lebensmittelkette.

Fertigpackungen: Die meisten im Supermarkt angebotenen Waren sind Fertigpackungen. Das Mess- und Eichgesetz definiert als Fertigpackung ein Erzeugnis (Lebensmittel, aber auch Reinigungsmittel oder Kosmetika) in einer beliebigen Verpackung, die in Abwesenheit des Käufers abgepackt und verschlossen wurde und deren Inhalt man nicht ohne Öffnen oder merkliche Veränderung der Verpackung beeinflussen kann.

Fettsäuren: Bausteine der meisten Nahrungsfette. Man unterscheidet gesättigte, einfach ungesättigte und mehrfach ungesättigte Fettsäuren. Sie unterscheiden sich in ihrer Wirkung auf den menschlichen Organismus: Gesättigte Fettsäuren erhöhen, einfach und mehrfach ungesättigte Fettsäuren senken den Blut-Cholesterinspiegel. Pflanzliche Öle haben in der Regel hohe Anteile an einfachen und mehrfach ungesättigten Fettsäuren. Tierische Fette bestehen vorwiegend aus gesättigten Fettsäuren. Durch das industrielle Härten sollen Fette hitzestabiler und streichfähiger gemacht werden. Bei verpackten Lebensmitteln sind gehärtete Fette in der Zutatenliste zu erkennen, zum Beispiel als „pflanzliches Öl, zum Teil gehärtet". Bei der unvollständigen industriellen Härtung von Pflanzenölen entstehen Trans-Fettsäuren. Sie werden als Mitverursacher von koronaren Herzkrankheiten angesehen (Arteriosklerose, Herzinfarkt).

Firmenanschrift: Der Firmenname und die Anschrift gehören zur Pflichtkennzeichnung. Über die angegebene Adresse muss die Firma postalisch erreichbar sein (Adresse oder Postfach). Hier kann aber statt des Herstellers auch der Verpacker oder Verkäufer stehen, sofern er im europäischen Wirtschaftsraum niedergelassen ist.

Formfleisch: Ggf. unter Zugabe von Salz und Nitropökelsalz aus kleinen Fleischstücken zusammengesetzte Fleischprodukte wie Formfleisch-Schinken oder Formfleisch-Schnitzel, die den natürlich gewachsenen Fleischteilen nachgebildet sind. Um Verwechslungen mit höherpreisigem natürlich gewachsenem Fleisch zu vermeiden, müssen Formfleischerzeugnisse eindeutig gekennzeichnet sein.

Füllmenge: Sie gehört ebenfalls zur Pflichtkennzeichnung. Die Füllmenge nennt Gewicht (in Gramm oder Milligramm), Volumen (in Liter oder Milliliter, meist bei flüssigen Lebensmitteln wie Milch oder Saft) oder Stückzahl des enthaltenen Lebensmittels.

Verpackungen müssen die auf der Verpackung angegebene sogenannte Nennfüllmenge aber nur durchschnittlich aufweisen: Für eine bestimmte Anzahl unterfüllter Verpackungen muss auch eine entsprechende Anzahl abgepackt sein, bei der die Nennfüllmenge überschritten wird. Für die einzelne Verpackung gelten Toleranzen, deren Unterschreitung illegal ist.

Geschmacksverstärker: Sie gehören zu den Zusatzstoffen und dienen dazu, einen vorhandenen Geschmack zu verstärken oder abzurunden. Die bekanntesten Geschmacksverstärker sind Glutamate, Inosinate und Guanylate. Typische Einsatzbereiche sind Suppen, Soßen und Fertiggerichte.

Gesundheitsbezogene Angaben (Health Claims): Aussagen oder Abbildungen auf einem Lebensmittel oder in der Werbung, die vermitteln, dass ein Produkt und/oder dessen Inhaltsstoffe Vorteile für die Gesundheit bringen. Die Verwendung gesundheitsbezogener Angaben wird EU-weit einheitlich durch die sogenannte Health-Claims-Verordnung reglementiert. Seit Ende 2012 sind auf Lebensmitteln ca. 250 unterschiedliche gesundheitsbezogene Angaben erlaubt. Die zugelassenen Aussagen entsprechen den allgemein anerkannten wissenschaftlichen Erkenntnissen. Viele der erlaubten Claims beschreiben die Stoffwechselfunktionen von Vitaminen und Mineralstoffen im menschlichen Körper.

Grundpreis: Er steht am Regal zusätzlich zum Endpreis auf dem Preisschild und gehört für die meisten Lebensmittel zu den ⋯→ Pflichtangaben. Er benennt, wie teuer ein Lebensmittel bezogen auf eine bestimmte Menge, meist ein Kilogramm oder ein Liter, ist. Wie der Grundpreis zu ermitteln und anzugeben ist, schreibt die Preisangaben-Verordnung vor. Bei Waren, die üblicherweise als Stück verkauft werden (etwa Zitronen oder Gurken), ist

keine Grundpreisangabe erforderlich.

Hauptsichtfeld: Lebensmittelrechtlicher Begriff für das Sichtfeld einer Verpackung, das vom Verbraucher beim Kauf höchstwahrscheinlich auf den ersten Blick wahrgenommen wird. Vielfach spricht man einfacher von der „Vorderseite", obwohl dies nicht ganz korrekt ist, denn beispielsweise bei Feinkostsalaten oder Milchprodukten kann auch die Oberseite das Hauptsichtfeld sein. Auch die Bezeichnung „Schauseite" wird alternativ zu „Hauptsichtfeld" verwendet.

Health Claims: siehe Gesundheitsbezogene Angaben

Herkunftsangaben: Angaben zum Ursprungsland oder Herkunftsort sind auf den meisten Lebensmitteln nicht verpflichtend. Bei einigen Lebensmittelgruppen muss das Ursprungsland angegeben sein, zum Beispiel bei den meisten frischen Obst- und Gemüsearten, bei Fisch und bei Eiern. Die europaweit einheitlich geregelten Kennzeichnungen „geschützte Ursprungsbezeichnung" (g. U.) und „geografisch geschützte Angabe" (g. g. A.) zeichnen Spezialitäten aus bestimmten Regionen aus. Bei vielen auf Verpackungen genannten Orten und Regionen ist für Käufer unklar, ob sie sich beispielsweise auf den Verarbeitungsort, den Ursprung der Rohwaren oder die Rezeptur beziehen.

Identitätskennzeichen: Es ist eine Pflichtkennzeichnung auf tierischen Lebensmitteln, stellt aber keine Verbraucherinformation dar, sondern dient der Lebensmittelüberwachung, die damit Produkte bis zu den Rohstoffen zurückverfolgen kann. Es besteht aus dem Länderkürzel (zum Beispiel „DE" für Deutschland), der Betriebsnummer (Abkürzung des Bundeslandes und einer Nummer des jeweiligen Betriebs) und der Angabe „EG" für Europäische Gemeinschaft.

Genannt ist aber nur der Betrieb der letzten Bearbeitung – das kann also auch nur der verpackende Betrieb sein.

Leitsätze des Deutschen Lebensmittelbuchs: Die Leitsätze werden von der Deutschen Lebensmittelbuch-Kommission erarbeitet. Sie definieren allgemein verständliche und übliche ··› Verkehrsbezeichnungen und beschreiben die Herstellung, Beschaffenheit oder sonstige Merkmale, die üblicherweise bei den jeweiligen Lebensmitteln erwartet werden (zum Beispiel welche Rohstoffe bei der Herstellung eingesetzt werden, wie hoch der Anteil an Wert gebenden oder Wert mindernden Zutaten mindestens oder maximal sein sollte. Leitsätze werden als Entscheidungshilfe bei rechtlichen Auseinandersetzungen herangezogen, sind aber nicht rechtsverbindlich. Sie haben einen vergleichbaren Stellenwert wie Sachverständigengutachten.

Mengenkennzeichnung (QUID, Quantitative Ingredient Declaration): Ist eine bestimmte Zutat in der Bezeichnung angegeben (zum Beispiel „Käse-Tortellini") oder durch Abbildung oder Worte auf der Verpackung hervorgehoben, dann muss der prozentuale Mengenanteil in der Zutatenliste oder in der Verkehrsbezeichnung angegeben werden.

Mindesthaltbarkeitsdatum: Das Mindesthaltbarkeitsdatum (MHD) ist eine ··› Pflichtkennzeichnung. Es gibt an, bis zu welchem Zeitpunkt das ungeöffnete und richtig gelagerte Lebensmittel seine maßgeblichen Qualitätseigenschaften wie Geschmack, Geruch und Nährwert mindestens behält. Lebensmittel dürfen auch nach Ablauf des MHD noch verkauft werden (Ausnahme: Eier). Zu unterscheiden davon ist das ··› Verbrauchsdatum.

Mogelpackung: Das Mess- und Eichgesetz spricht von einer „täuschenden Verpa-

ckung". Das Produkt täuscht eine größere Füllmenge und damit ein besseres Preis-Leistungs-Verhältnis vor. Das Gesetz enthält keine Regelung des Verhältnisses von Inhalt und Verpackung. In der Praxis geht man meist dann von einer Täuschung des Verbrauchers aus, wenn der Freiraum in der Packung mehr als 30 Prozent beträgt.

Nährwertbezogene Angaben: Aussagen oder Abbildungen auf einem Lebensmittel oder in der Werbung, die vermitteln, dass ein Produkt einen besonderen Nährwert besitzt. Dabei kann sowohl ein hoher Nährstoffgehalt (zum Beispiel „reich an Ballaststoffen") als auch ein niedriger Anteil an Energie und Nährstoffen (zum Beispiel „ohne Zuckerzusatz" oder „fettfrei") beworben werden.

Welche nährwertbezogenen Angaben verwendet werden dürfen und wie hoch der Nährstoffgehalt dann jeweils sein muss, ist EU-einheitlich über eine verbindliche Liste geregelt.

Nährwertkennzeichnung: Sie ist zurzeit meist eine freiwillige Angabe. Verpflichtend ist die Information über den Brennwert (Kalorien) und die enthaltenen Nährstoffe vor allem in folgenden Fällen:

* bei Lebensmitteln, die mit gesundheitsbezogenen oder nährwertbezogenen Angaben beworben werden (zum Beispiel „fettarm", „reich an Ballaststoffen" oder „senkt den Cholesterinspiegel").

* bei Lebensmitteln für besondere Ernährungsbedürfnisse, zum Beispiel Säuglingsanfangsnahrung oder natriumarme Produkte.

Die Nährwertkennzeichnung erfolgt in Form einer Tabelle. Sie enthält mindestens den Brennwert (Energiegehalt) und Angaben zu Fett, gesättigten Fettsäuren, Kohlenhydraten, Zucker, Eiweiß und Salz sowie zum beworbenen Nährstoff. Die Angaben müssen sich auf 100 Gramm oder 100 Milliliter eines Lebensmittels beziehen; zusätzlich können sie pro Portion angegeben sein. Die Festsetzung der Portionsgröße trifft der Hersteller. Bei Vitaminen und Mineralstoffen muss angegeben werden, wie viel Prozent der empfohlenen Tageszufuhr das Lebensmittel liefert.

Nennfüllmenge: siehe Füllmenge

Ökologischer Landbau: Lebensmittel, die sich als „ökologisch" oder „biologisch" bezeichnen oder ein Biosiegel tragen, müssen aus ökologischer Erzeugung stammen und erfüllen somit mindestens die Vorgaben der EG-Öko-Verordnung. Zur Kennzeichnung gehören das EU-Bio-Logo (weiße Sterne auf einem grünen Blatt), die Öko-Kontrollstelle sowie die Angabe, ob die Zutaten aus einem bestimmten EU-Land, aus der EU-Landwirtschaft und/oder aus der Nicht-EU-Landwirtschaft stammen. Zusätzlich können das deutsche Bio-Siegel und/oder die Zeichen der Anbauverbände (zum Beispiel Bioland, Demeter) verwendet werden.

Schauseite: siehe Hauptsichtfeld

Ursprungsland: Es muss nur bei einigen wenigen Lebensmittelgruppen wie Frischobst und -gemüse, bei Honig, nativem Olivenöl, frischem und gefrorenem Fisch (Fanggebiet), bei Eiern und bei frischem und gefrorenem Fleisch angegeben werden. Nicht mehr obligatorisch ist die Angabe des Ursprungslandes, sobald diese Lebensmittel den kleinsten Verarbeitungsschritt erfahren haben – zum Beispiel Rindfleisch gesalzen oder Frischobst und Gemüse tiefgekühlt wurde.

Verbrauchsdatum: Kennzeichnung auf leicht verderblichen Lebensmitteln wie Hack-fleisch. Anders als das ⸱⸱⸱⸱⸱› Mindesthaltbarkeitsdatum gibt das Verbrauchsdatum den Zeitpunkt an, bis zu dem das Lebensmittel verbraucht werden sollte. Nach dem angegebenen Zeitpunkt darf das Produkt nicht mehr verkauft werden.

Wettbewerbszentrale: Die Zentrale zur Bekämpfung des unlauteren Wettbewerbs e. V. ist eine als gemeinnütziger Verein tätige Selbstkontrollinstitution der Wirtschaft, die sich für die Förderung des fairen Wettbewerbs einsetzt. Sie kann bei Verstößen gegen das Gesetz gegen den unlauteren Wettbewerb (UWG), zum Beispiel im Fall von Irreführung oder Täuschung, im Rahmen ihrer Verbandsklagebefugnis Unternehmen abmahnen oder auf Unterlassung verklagen.

Zusatzstoffe: Zusatzstoffe sind natürliche oder synthetische Stoffe, die Lebensmitteln zugegeben werden können, um bestimmte Eigenschaften wie Farbe, Struktur oder Haltbarkeit zu beeinflussen oder die Produktion und Verarbeitung zu erleichtern. Zusatzstoffe müssen zugelassen sein. Auf verpackter Ware werden sie im Zutatenverzeichnis mit ihrem Klassennamen (zum Beispiel „Konservierungsstoff" oder „Farbstoff") und ihrem Namen (etwa „Benzoesäure") oder der europaweit einheitlichen E-Nummer (zum Beispiel „E 210") genannt.

Zutaten, Zutatenliste, Zutatenverzeichnis: Es gehört zu den Pflichtkennzeichnungen auf Lebensmittel-Fertigpackungen (Ausnahmen siehe Seite 159). Das Zutatenverzeichnis listet sämtliche Zutaten in der Reihenfolge ihres Gewichtsanteiles auf. An erster Stelle steht die Zutat, die den größten Anteil im Produkt ausmacht. Benannt werden müssen auch „Zutaten der Zutaten": Bei der „Pizza Salami" genügt es nicht, „Salami" als Zutat zu nennen; die einzelnen Bestandteile der Salami müssen ebenfalls angegeben werden.

Verwendete und weiterführende Literatur

Faltblätter

Einkaufshilfe oder schöne Worte? Verkehrsbezeichnung bei Lebensmitteln, Verbraucherzentrale Nordrhein-Westfalen e. V. (Hrsg.) 2012

„Ohne Zusatzstoffe" Verwirrspiel auf den Etiketten. Verbraucherzentrale Nordrhein-Westfalen e. V. 2012

Alles gesünder – oder? Das steckt hinter der Werbung mit nährwertbezogenen Angaben. Verbraucherzentrale Sachsen-Anhalt e. V. 2014

Dickmachern auf der Spur – Ampelcheck im Supermarkt. Verbraucherzentrale Nordrhein-Westfalen e.V. , Verbraucherzentrale Hamburg e. V. 2014

Gezielt reklamieren. Ihr Recht auf einwandfreie Lebensmittel. Verbraucherzentrale Brandenburg e.V. 2014

Ratgeber

Bärenstarke Kinderkost – einfach, schnell, lecker. Verbraucherzentrale Nordrhein-Westfalen e. V. (Hrsg.) 13. aktualisierte Auflage, 2015

Gesunde Ernährung von Anfang an – Stillen, Säuglingsnahrung, Brei und Gläschenkost. Verbraucherzentrale Hamburg e. V. (Hrsg.),18. Auflage, März 2012

Was bedeuten die E-Nummern? Lebensmittel-Zusatzstoffliste. Verbraucherzentrale Hamburg e. V. (Hrsg.), 67. überarb. Aufl. 2015

Studien

Zühlsdorf, Anke/Spiller, Achim: Grauzone Lebensmittelkommunikation. Empirische Studie zur Verbraucherwahrnehmung im Spannungsfeld von Informationsanforderungen und Aufmerksamkeitsregeln. Im Auftrag der Verbraucherzentralen. Juni 2012

Zühlsdorf, Anke/Spiller, Achim: Trends in der Lebensmittelvermarktung. Begleitforschung zum Internetportal lebensmittelklarheit.de (Studie Teil I): Marketingtheoretische Einordnung praktischer Erscheinungsformen und verbraucherpolitische Bewertung. Januar 2012

Zühlsdorf, Anke/Spiller, Achim/Nitzko, Sina: Kennzeichnung und Aufmachung von Lebensmitteln aus Sicht der Verbraucher: Empirische Untersuchungsbefunde im Rahmen des Projekts „Fokusgruppen und Verbraucherbefragungen als begleitende Verbraucherforschung zum Internetportal www.lebenmittelklarheit.de der Verbraucherzentralen und des Verbraucherzentrale Bundesverbands", Mai 2013

Infratest dimap: „Landwirtschaft in Deutschland" – Ergebnisse einer repräsentativen Erhebung für das BMELV im Januar 2013

Adressen der Verbraucherzentralen

**Verbraucherzentrale
Baden-Württemberg e.V.**
Paulinenstraße 47
70178 Stuttgart
Telefon: 07 11/ 66 91 10
Fax: 07 11/66 91-50
www.vz-bawue.de

Verbraucherzentrale Bayern e.V.
Mozartstraße 9
80336 München
Telefon: 0 89/5 39 87-0
Fax: 0 89/53 75 53
www.vzbayern.de

Verbraucherzentrale Berlin e.V.
Hardenbergplatz 2
10623 Berlin
Telefon: 0 30/2 14 85-0
Fax: 0 30/2 11 72 01
www.vz-berlin.de

**Verbraucherzentrale
Brandenburg e.V.**
Babelsberger Straße 12
14473 Potsdam
Telefon: 03 31/2 98 71-0
Fax: 03 31/2 98 71-77
www.vzb.de

Verbraucherzentrale Bremen e.V.
Altenweg 4
28195 Bremen
Telefon: 04 21/1 60 77-7
Fax: 04 21/1 60 77 80
www.verbraucherzentrale-bremen.de

Verbraucherzentrale Hamburg e.V.
Kirchenallee 22
20099 Hamburg
Telefon: 0 40/2 48 32-0
Fax: 0 40/2 48 32-290
www.vzhh.de

Verbraucherzentrale Hessen e.V.
Große Friedberger Straße 13–17
60313 Frankfurt/Main
Telefon: 0 69/97 20 10-900
Fax: 0 69/97 20 10-40
www.verbraucher.de

**Verbraucherzentrale
Mecklenburg-Vorpommern e. V.**
Strandstraße 98
18055 Rostock
Telefon: 03 81/2 08 70-50
Fax: 03 81/2 08 70-30
www.nvzmv.de

**Verbraucherzentrale
Niedersachsen e.V.**
Herrenstraße 14
30159 Hannover
Telefon: 05 11/9 11 96-0
Fax: 05 11/9 11 96-10
www.vz-niedersachsen.de

**Verbraucherzentrale
Nordrhein-Westfalen e.V.**
Mintropstraße 27
40215 Düsseldorf
Telefon: 02 11/38 09-0
Fax: 02 11/38 09-216
www.vz-nrw.de

**Verbraucherzentrale
Rheinland-Pfalz e.V.**
Seppel-Glückert-Passage 10
55116 Mainz
Telefon: 0 61 31/28 48-0
Fax: 0 61 31/28 48-66
www.vz-rlp.de

**Verbraucherzentrale des
Saarlandes e.V.**
Trierer Straße 22
66111 Saarbrücken
Telefon: 06 81/5 00 89-0
Fax: 06 81/5 00 89-22
www.vz-saar.de

Verbraucherzentrale Sachsen e.V.
Katharinenstraße 17
04109 Leipzig
Telefon: 03 41/69 62 90
Fax: 03 41/6 89 28 26
www.vzs.de

**Verbraucherzentrale
Sachsen-Anhalt e.V.**
Steinbockgasse 1
06108 Halle
Telefon: 03 45/2 98 03-29
Fax: 03 45/2 98 03-26
www.vzsa.de

**Verbraucherzentrale
Schleswig-Holstein e.V.**
Andreas-Gayk-Straße 15
24103 Kiel
Telefon: 04 31/5 90 99-0
Fax: 04 31/5 90 99-77
www.vzsh.de

Verbraucherzentrale Thüringen e.V.
Eugen-Richter-Straße 45
99085 Erfurt
Telefon: 03 61/5 55 14-0
Fax: 03 61/5 55 14-40
www.vzth.de

**Verbraucherzentrale
Bundesverband e.V.**
Markgrafenstraße 66
10969 Berlin
Telefon: 0 30/2 58 00-0
Fax: 0 30/2 58 00-518
www.vzbv.de

Mehr versprochen als gehalten

Fühlen Sie sich durch Aufmachung oder Kennzeichnung von Lebensmitteln getäuscht? Melden Sie Produkte auf **lebensmittelklarheit.de**

Gefördert durch:

 Bundesministerium für Ernährung und Landwirtschaft

aufgrund eines Beschlusses des Deutschen Bundestages

Impressum

Herausgeber
Verbraucherzentrale Nordrhein-Westfalen e. V.
Mintropstraße 27, 40215 Düsseldorf
Telefon: 02 11/38 09-555
Fax: 02 11/38 09-235
E-Mail: ratgeber@vz-nrw.de
www.vz-nrw.de

Mitherausgeber
Verbraucherzentrale Bundesverband e. V.
Verbraucherzentrale Baden-Württemberg e. V.
Verbraucherzentrale Hamburg e. V.
Verbraucherzentrale Hessen e. V.
(Adressen siehe Seite 240)

Diese Publikation erscheint im Rahmen der Verlagsgemeinschaft Stiftung
Warentest und Verbraucherzentrale NRW e. V.
Das Bundesministerium für Ernährung und Landwirtschaft (BMEL) fördert
das Portal lebensmittelklarheit.de im Rahmen der Initiative „Klarheit und
Wahrheit bei der Kennzeichnung und Aufmachung von Lebensmitteln".

Autorinnen	Birgit Klein, Andrea Schauff, Claudia Weiß; Janina Löbel (Kapitel „Schön getrickst? So hilft dieser Ratgeber" und „Politische Forderungen der Verbraucherzentralen")
Koordination	Frank Wolsiffer
Fachliche Beratung	Isabelle Mühleisen, Anne-Katrin Wiesemann
Lektorat	Heike Plank
Korrektorat	Hartmut Schönfuß, Berlin
Umschlaggestaltung	Ute Lübbeke, www.LNT-design.de
Gestaltungskonzept	punkt8, Berlin
Layout und Satz	Ute Lübbeke, www.LNT-design.de
Bildnachweis	plainpicture/Thordis Rüggeberg (Titelbild), Artville (S. 5, 38, 212, 222), Fotolia.com (S. 13, 46, 233),
Druck	Phoenix Print GmbH, Würzburg Gedruckt auf 100 % Recyclingpapier
Redaktionsschluss:	Januar 2016

Diese Angaben gehören auf jedes Lebensmittel:

1. Bezeichnung
Beschreibt das Lebensmittel. Schon kleine Unterschiede in der Bezeichnung stehen dabei häufig für erhebliche Qualitätsdifferenzen. (⋯⟩ Seite 47 ff.)

2. Zutatenverzeichnis
Listet alle Zutaten in der Reihenfolge ihres Gewichtsanteils auf: An erster Stelle steht die Zutat, die den größten Anteil im Produkt ausmacht. Leider ist es nicht auf allen verpackten Lebensmitteln verpflichtend. (⋯⟩ Seite 159 ff.)

3. Mindesthaltbarkeitsdatum
Gibt an, bis zu welchem Zeitpunkt das ungeöffnete und richtig gelagerte Lebensmittel seine maßgeblichen Qualitätseigenschaften wie Geschmack, Geruch und Nährwert behält.

4. Nettofüllmenge
Gibt Auskunft über das Gewicht oder das Volumen, manchmal auch die Stückzahl des enthaltenen Lebensmittels. Diese sogenannte Nennfüllmenge ist aber keine Garantie dafür, dass die angegebene Menge in einer Verpackung auch tatsächlich enthalten ist. (⋯⟩ Seite 172 ff.)

5. Firmenanschrift
Gehört zur Pflichtkennzeichnung. Statt des herstellenden Betriebs können aber auch der Verpacker oder Verkäufer angegeben sein, ohne dass darauf explizit hingewiesen werden muss. (⋯⟩ Seite 109 ff.)

6. Preis/Grundpreisangabe, **nur** am Regal
Der Preis eines Lebensmittels pro Mengeneinheit, meist pro Liter oder Kilogramm. Er erleichtert den Preisvergleich bei ähnlichen Produkten mit unterschiedlichen Füllmengen. Leider sind Grundpreise häufig zu klein und nicht immer korrekt angegeben. (⋯⟩ Seite 181 ff.)

Milky Choco
500 ml

1.39

Preis pro 1l
2.78 €

Diese Angaben können Sie zusätzlich finden:

7. Strichcode/Barcode
Er steht für eine Artikelnummer, die von Scannerkassen erkannt werden kann. Die ersten Ziffern sind zwar eine Länderkennzahl, eine Herkunftsangabe verbirgt sich jedoch nicht dahinter. (⋯⟩ Seite 110)

8. Identitätskennzeichen
Ist eine Pflichtkennzeichnung auf tierischen Lebensmitteln und dient der Rückverfolgbarkeit. Im Identitätskennzeichen steht die Nummer des Betriebs, der das Produkt zuletzt bearbeitet oder verpackt hat – nicht zwangläufig der Hersteller. Auch die Herkunft der Rohstoffe ist daraus nicht abzuleiten! (⋯⟩ Seite 109 ff.)

ohne den Einsatz von Gentechnik erfolgt. Auch enthaltene Zusatzstoffe dürfen nicht mit Hilfe gentechnisch veränderter Mikroorganismen hergestellt worden sein. (····⟩ Seite 184)

13. „ökologisch"
Beide Zeichen haben dieselbe Bedeutung: Das Lebensmittel stammt aus ökologischer Erzeugung und erfüllt somit die Vorgaben der EU-Öko-Verordnung. (····⟩ Seite 121 ff.)

14. Nährwertbezogene Angaben
Wird ein Lebensmittel mit einem besonderen Nährwert beworben, z. B. als energiereduziert, fettfrei oder zuckerarm, so muss es rechtsverbindliche Vorgaben dafür erfüllen. Trotzdem sind die Angaben für Verbraucher nicht immer verständlich. (····⟩ Seite 133 ff.)

15. Gesundheitsbezogene Angaben
Müssen wahr und wissenschaftlich nachgewiesen sein. Leider ist die EU-weit einheitliche Liste aller zulässigen gesundheitsbezogenen Angaben noch nicht vollständig. (····⟩ Seite 143 ff.)

16. Hinweise für Allergiker
Hinweise, dass Spuren bestimmter Lebensmittel unbeabsichtigt in einem Produkt enthalten sein können, sind freiwillige Angaben der Hersteller und schützen ihn vor Haftungsansprüchen. Für Allergiker sind sie oftmals wenig nützlich. (····⟩ Seite 165 ff.)

17. „Ohne Zusatzstoffe"
Viele Lebensmittel werben damit, dass sie bestimmte Zusatzstoffe wie Farbstoffe und Geschmacksverstärker nicht enthalten. Trotzdem sind sie oft aromatisiert, gefärbt und im Geschmack verstärkt. (····⟩ Seite 116 ff.)

9. „Regional"-Werbung
Solche Angaben sind derzeit rechtlich kaum geregelt und erfüllen die Verbrauchererwartungen häufig nicht. Oft bleibt unklar, ob sich die Angabe auf den Ursprung der Rohstoffe, den Verarbeitungsort oder auf die Rezeptur bezieht. (····⟩ Seite 103 ff.)

10. Nährwertkennzeichnung
Die Kennzeichnung des Brennwerts (Kalorien) und der enthaltenen Nährstoffe gehört nicht zur Pflichtkennzeichnung. Daher fehlt die Nährstoffkennzeichnung auf vielen Lebensmitteln. Erforderlich ist sie aber, wenn ein Lebensmittel nährwertbezogene Angaben aufweist wie „fettarm" oder „enthält Kalzium". (····⟩ Seite 147 ff.)

11. Wiederholte Nährwertinformation
Eine zusätzliche grafische Darstellung der Nährwerte auf der Schauseite. Verbraucher sollen dadurch Nährwertinformationen auf den ersten Blick erhalten. (····⟩ Seite 149 ff.)

12. „Ohne Gentechnik"
Der Hinweis und das Logo „Ohne Gentechnik" kennzeichnen Lebensmittel, deren Herstellung